A ARTE DE ESCREVER PARA A WEB

& Produzir Conteúdos Poderosos

DVS EDITORA

A ARTE DE ESCREVER PARA A WEB

& Produzir Conteúdos Poderosos

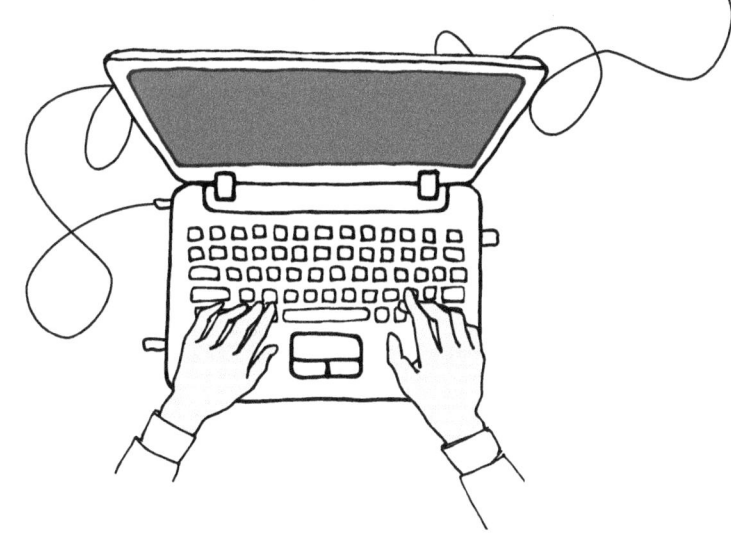

PAULO MACCEDO

www.dvseditora.com.br
São Paulo, 2017

A ARTE DE ESCREVER PARA A WEB
& Produzir Conteúdos Poderosos

Copyright© DVS Editora 2017
Todos os direitos para a língua portuguesa reservados pela editora.

Nenhuma parte deste livro poderá ser reproduzida, armazenada em sistema de recuperação, ou transmitida por qualquer meio, seja na forma eletrônica, mecânica, fotocopiada, gravada ou qualquer outra, sem a autorização por escrito do autor.

Diagramação: Schäffer Editorial
Capa: Eldes Saullo
Revisão: Martim Silva

Dados Internacionais de Catalogação na Publicação (CIP)
(Câmara Brasileira do Livro, SP, Brasil)

Maccedo, Paulo
   A arte de escrever para a web e produzir conteúdos poderosos / Paulo Maccedo. -- São Paulo : DVS Editora, 2017.

   ISBN: 978-85-8289-156-8

   1. Arte de escrever 2. Escritores 3. Internet (Rede de computador) 4. Linguagem e tecnologia 5. Marketing 6. Marketing digital 7. Planejamento estratégico I. Título.

17-08936   CDD-658.8

Índices para catálogo sistemático:

1. Marketing digital : Administração   658.8

*A minha família, em especial a minha esposa
Patricia e a meu filho Gabriel.*

*A Rafael Rez, com um carinho especial, por me
mostrar o verdadeiro caminho do marketing de
conteúdo.*

*A Pedro Quintanilha e a Marcos Eduardo, os caras
da Mentalidade Empreendedora.*

*A todos os profissionais envolvidos na edição deste
livro, principalmente a Martim Silva.*

*E a todos os meus clientes e leitores que me dão
oportunidade de crescer como profissional.*

"A maioria das campanhas que levaram marcas à fama e à fortuna surgiu da parceria entre um redator talentoso e um cliente inspirador."
— David Ogilvy.

Sumário

Prefácio 11
Por que você deve ler este livro? 13
Introdução 16
1. Não é redação, é conteúdo! 20
2. Estratégia de conteúdo: o que todo web writer precisa saber 24
3. O título 28
4. O texto 34
5. SEO 39
6. Copywriting 46
7. Persuasão 53
8. Call-to-Action 61
9. Neuromarketing 67
10. Storytelling 72
11. Edição 77
12. Tamanho é documento 83
13. Hard Content 87
14. Guest post 99
15. Tipos de artigos 105
16. Artigo que vende 115

17. Conselhos de David Ogilvy para ser um redator altamente criativo . . 119
18. Dale Carnegie: como se comunicar
    bem e influenciar pessoas no universo digital 121
19. 5 Lições de Seth Godin para um marketing de conteúdo fantástico . . 125
Considerações finais sobre a arte de escrever para a web 129
Mãos à obra! 132

Prefácio

A transformação digital é irreversível. Em 20 anos, a internet mudou o mundo mais rápido do que todo o século XX foi capaz de fazer. Nos últimos 10 anos, o processo de mudança acelerou ainda mais: em 2007 o primeiro *iPhone* foi lançado. *Wi-fi* era uma raridade na época. *iPad* só surgiu em 2010. Banda larga era cara demais e disponível em pouquíssimos lugares. Algo como 3G ou 4G não faria o menor sentido há 10 anos. A noção de *cloud* (nuvem de dados) ainda era incipiente e ninguém imaginava acessar a sua conta do banco através de um aplicativo.

Agora imagine tirar tudo isso de alguém hoje em dia, apenas 10 anos depois do surgimento dessas tecnologias. O mundo mudou bastante e a transformação continuará acelerando e substituindo pessoas por robôs em muitas áreas.

Mas sabe algo que não mudou? A forma como nós consumimos informação!

Enquanto os *Youtubers* ganham notoriedade e se transformam em verdadeiras celebridades, o conteúdo escrito continua dominando a internet e, cada vez mais, sendo grande parte do conteúdo publicado.

Os buscadores (como *Google*, *Bing* e outros mais) já conseguem transformar áudio e vídeo em texto há anos, mas ainda usam o texto (e os *links* dentro do texto) como a principal matéria-prima para definir quais são as páginas de conteúdo mais relevantes na internet sobre cada assunto.

Enquanto algumas redes sociais apostam em um conteúdo eminentemente visual (como *Instagram* e *Pinterest*), é o texto que ainda domina o *Facebook*, o *Twitter* e outras redes sociais. Experimente postar um vídeo sem legendas e sem conteúdo textual para ver o engajamento diminuir.

Escrever um blog está ao alcance de qualquer pessoa e de qualquer empresa. Mas escrever com objetivo, com propósito e obter resultados práticos com a produção de conteúdo, ainda é uma arte dominada por poucos.

Um bom texto possui uma estrutura planejada e testada milhões de vezes por outros milhares de escritores ao redor do mundo. O bom texto para *web* é o resultado da experiência adquirida por esses milhares de praticantes da escrita para o meio digital ao longo de duas décadas.

Já o texto poderoso, aquele com real poder de convencer o leitor, de encantar ou de gerar uma ação, é parte técnica e parte arte. Juntas, ambas as 'metades' criam um encantamento e um convencimento, tocam o coração do leitor ou mostram-lhe a razão para finalmente tomar uma atitude e realizar uma ação que há muito é postergada.

Como em qualquer atividade humana, o bom texto exige prática e aperfeiçoamento. Este livro é um manual a ser revisado de vez em quando e consultado toda vez que for necessário. Todos os passos necessários para produzir um conteúdo que não seja apenas bom, mas um que seja realmente poderoso, estão resumidos aqui.

O Marketing é uma área do conhecimento que mistura ciência e aprendizado tácito, aquele que construímos com a prática. Ao conciliar competência e talento, o escritor consegue convencer e encantar, envolver e persuadir, engajar e comprometer o leitor com um objetivo.

O esforço de não ser prolixo demais nem conciso em excesso, deixando o material essencial de fora, exige habilidades que podem ser aprendidas e que são muito práticas. É a união de competência e talento que faz dessa obra uma leitura necessária a todos que querem aliar as técnicas testadas exaustivamente com a arte de escrever bem.

Fui testemunha do esforço feito por Paulo para incluir tudo o que era essencial sem escrever demais, apenas para encher páginas e mais páginas sem função.

Redatores, Jornalistas, Empresários, Escritores, Blogueiros, todos deveriam ler este livro e praticar os seus ensinamentos. Certamente eles estarão muito melhor preparados para compreender e agir em um mundo que está sendo transformado rapidamente e que não vai parar de mudar, e nem vai parar de ler.

Boa leitura, e "boas escritas"!

Rafael Rez

Autor do livro "Marketing de Conteúdo: A Moeda do Século XXI", com 3.000 cópias vendidas nos primeiros 90 dias. Possui MBA em Marketing pela Fundação Getúlio Vargas (FGV) em 2013. Fundador da consultoria de marketing digital Web Estratégica. Além de Empreendedor e Consultor, é Professor de Pós e MBA em diversas instituições de ponta. Em 2016 fundou a Nova Escola de Marketing.

Por que você deve ler este livro?

1

Na constante busca de melhorar o meu próprio trabalho como produtor de conteúdo, tanto em essência quanto em técnica, passei a encarar como dever compartilhar o que venho aprendendo sobre o assunto.

Esse é o primeiro motivo que me levou a escrever este livro. Nele eu compartilho meu conhecimento, obtido através de observações e vivências com marketing de conteúdo desde quando comecei, em 2013.

Conversando com profissionais de conteúdo todos os dias tenho a chance de expor a eles o que penso sobre o assunto. Dou-lhes conselhos, promovo dicas, enfim, dialogo sobre o que deve ou não ser feito para elevar o nível do trabalho de escrita para a web. Este livro, portanto, registra conteúdos que surgiram desses diálogos.

2

Por que este livro é curto?

Porque o mundo literário está cheio de besteiras sobre marketing, internet e escrita. Não quis soar como mais um charlatão, enchendo as páginas deste exemplar com gatilhos mentais e palavras vazias. Escolhi escrevê-lo de forma sucinta, em poucas sentenças, com assuntos "direto ao ponto". Você perceberá que eu abordo os temas sem rodeios.

Os parágrafos também são curtos por duas razões: ajudar na assimilação de cada tópico; e porque a leitura, de fato, fica melhor dessa maneira – semelhante às publicações de blogs.

3

Cada capítulo foi pensado de acordo com a melhoria da escrita e da argumentação na hora de produzir textos para sites, blogs, portais, redes sociais, enfim, para que seja possível elaborar conteúdos poderosos para diversos canais digitais.

Os conceitos e ideias que apresento não são definitivos. São baseados nos resultados que obtive em minha carreira como redator e nos conhecimentos que adquiri em projetos de marketing de conteúdo.

Creio que, se você aplicar o que eu proponho neste livro, vá aumentar consideravelmente seus resultados como produtor de conteúdo. Em muitos trechos, você perceberá um viés estratégico para ajudar você a elevar o nível da sua produção de textos para a web.

Provavelmente você já deve ter lido outros livros sobre escrita ou acessado portais sobre redação. Se sua habilidade não sofreu alterações, das duas uma: ou você deixou de assimilar o mais importante ou não direcionou bem as informações que lhes foram passadas.

Tenho a pretensão de contribuir fortemente para seu trabalho de criador de conteúdo de modo a evitar que isso aconteça mais uma vez e, por isso, escolhi cada tema e termo utilizado de forma muito criteriosa. Muito do que você encontrará aqui foi previamente tratado em meu blog principal – paulomaccedo.com - ou discutido em fóruns e comunidades.

Faço questão de destacar também que você não deve se limitar ao que eu escrevo. Consulte outras fontes, testes, e faça um laboratório mais extenso. Considere esta obra como uma "caixa de ferramentas", mas não se esqueça de conhecer outros "instrumentos de operação".

4

Atualmente, para atender às novas exigências do marketing, o desafio é lançar conteúdo relevante na internet. Nesse contexto, quem domina as técnicas de escrita e tem facilidade para argumentar pode encontrar um grande campo para trabalhar a partir de suas competências linguísticas.

Jornalistas, publicitários, escritores, pensadores, educadores, empreendedores, gramáticos e outros profissionais que têm em seu escopo de atuação a geração de textos, podem encontrar nas necessidades das empresas um campo bem vasto de atuação.

Mas não é somente escrever textos que faz do produtor de conteúdo um excelente profissional. Existem passos e técnicas de escrita que são capazes de qualificar cada vez mais o seu trabalho. Nas próximas linhas, você terá a oportunidade de entender como funciona o processo de produção de conteúdo e por que é preciso levá-lo a sério.

E, mesmo que você não seja e não pretenda ser um redator poderá desfrutar das ideias e das informações que foram compiladas aqui para fazer com que a sua empresa cresça em seu ramo de atuação através do marketing de conteúdo.

5

Este não é um livro de regras ou um apanhado teórico sobre como se deve escrever, muito menos um manifesto teórico e inflexível sobre como produzir conteúdo. Trata-se de um guia de práticas funcionais sobre a escrita para a web, organizado de maneira dinâmica, com foco em resultados. Nele você vai encontrar o caminho para fazer acontecer. Saberá por qual motivo pensar estrategicamente é importante e porque se reinventar torna o seu trabalho mais poderoso.

Você vai passear pelo meu laboratório pessoal de criação. Terá acesso aos detalhes do processo criativo de estratégias de produção de conteúdo por trás de empresas de marketing digital e de centenas de blogs com os quais eu pude colaborar como estrategista e redator.

Os capítulos foram organizados com a intenção de formar uma espécie de roteiro. Cada um dos assuntos abordados são pilares que utilizo para compor artigos e e-books profissionais que geram visitas, leads e vendas. Da essência do conteúdo ao *copywriting*; do título ao *call-to-action*; da estratégia à execução.

Enfim, permita-se aprender mais e levar seus conteúdos ao estado da arte. Vire a página e desfrute do que compilei para você com carinho!

Introdução

Quem eu sou e quem eu quero que você seja

> "Aprenda a escrever bem. Com o avanço da internet, a necessidade de produção de conteúdo on-line [sic] cresce todos os dias. Logo, quem souber escrever bem encontrará várias oportunidades de negócios na web."
>
> (Flávio Augusto da Silva - Geração de Valor)

Sou analista de marketing por formação, estrategista e produtor de conteúdo por escolha. Ajudo empresas e profissionais a garantir resultados com o marketing de conteúdo. Conto histórias, apresento soluções, formo diálogos. Conecto empresas e consumidores, torno produtos e serviços mais bem encontrados na web. Planejo e produzo conteúdos que cumprem objetivos estratégicos.

Publico um tanto de palavras por dia, alguns artigos por semana e, de vez em quando, um livro. Até o fechamento desta edição, já tive mais de 2.000 artigos publicados em periódicos impressos (livros e revistas) e canais digitais (sites e blogs). Já atendi, direta e indiretamente, a mais de 520 negócios digitais. E sou autor de 4 livros.

Minha trajetória antes desses resultados foi:

Há cerca de dois anos ainda trabalhava como diretor executivo em uma pequena agência de comunicação, em Cabo Frio, no Rio de Janeiro. A empresa atuava em dois segmentos: rádio e revistas. A mídia impressa foi idealizada com o intuito de ser um meio gratuito para promover conteúdo informativo. A ideia era fazer publicidade de empresas de nossa região nos espaços reservados aos anúncios.

Sem que eu percebesse, já estava praticando uma espécie de marketing de conteúdo. Claro, não da forma como é feito na web, mas, ainda assim, com uma proposta relevante. A intenção era preencher o editorial com informações atraentes ao público que nos dava retorno comprando com um de nossos patrocinadores.

Paralelo a isso, eu cursava marketing na universidade Metodista. Aprendi pouco sobre marketing digital durante a faculdade, mas decidi me dedicar a essa vertente. Pesquisei tudo o que consegui sobre o assunto e fui descobrindo como funcionava o mercado.

Certo dia, enquanto realizava uma pesquisa sobre o tema, li um post sobre marketing de conteúdo em um blog de uma das agências pioneiras do Brasil. Gostei muito do que vi e decidi me aprofundar. Tornando-me leitor assíduo daquele blog, posteriormente assinei o *newsletter* e decidi fazer um curso gratuito de produção de conteúdo por e-mail.

Como já possuía certa habilidade em escrita e queria ingressar no mercado promissor da internet, comecei a alimentar a ideia de me tornar um especialista em conteúdo. Mantive meu trabalho na revista e na rádio e, paralelamente, comecei a praticar redação mais intensamente e publicar algumas coisas em um blog pessoal. Nesse mesmo período, conheci o trabalho do Rafael Rez e do marketingdeconteudo.com.br e tive mais certeza do que queria fazer profissionalmente.

Tempos depois, decidi fazer um cadastro na área de redatores de uma agência. Era um teste no qual eu deveria redigir um texto de 500 palavras sobre marketing digital. Após a sugestão do tema, escrevi o texto e enviei para a análise. Dias depois obtive o resultado: aprovado!

Recebi login e senha de usuário e comecei a compor tarefas de conteúdo disponibilizadas em uma plataforma. Sem que eu tivesse uma percepção clara, estava me consagrando no ramo de produção de conteúdo. Mas, como ainda tinha um compromisso com meu antigo ofício, escrevia as redações apenas nas horas vagas, geralmente à noite e fins de semana.

Cerca de três meses depois, dei um passo mais largo. Comecei a procurar meus próprios clientes. Afinal, estava escrevendo para uma das maiores empresas de conteúdo do país, e já tinha *know-how* para deslanchar na "carreira solo".

Através de outra plataforma voltada para o trabalho freelancer, fechei meu primeiro projeto direto. Esta segunda etapa também foi determinante para o meu destino profissional. O cliente gostou tanto dos meus textos, que ajudou a consolidar em mim ainda mais a ideia de trabalhar como *web writer*.

Tendo cada vez mais retorno e prazer com os projetos de escrita, não demorou muito para que eu largasse o meu "emprego". Decidi "abandonar tudo" e montar meu próprio negócio.

Fui fechando novos projetos. Algumas pessoas acharam loucura eu me aventurar em um mercado desconhecido, porém estava certo do que queria. Tinha um notebook, algumas referências de clientes satisfeitos e muita força de vontade. Juntei um pouco de dinheiro e preparei um espaço em casa para usar como escritório. Passei a desenvolver mais projetos de escrita e a redigir para blogs dos mais diversos segmentos.

Em pouco tempo, tive centenas de artigos publicados nos mais variados nichos digitais. Não comecei "ganhando muito dinheiro", mas logo no primeiro mês, consegui 'defender' o mesmo salário que tinha no antigo emprego. Além disso, passei a ter mais tempo para usufruir junto à minha família.

Poucas vezes tive um dos meus textos rejeitados. Mesmo que a rejeição faça parte do processo, nenhum redator gosta de ouvir um 'não'. Esforço-me para compreender não só a proposta textual de uma redação para a web, mas principalmente em como o conteúdo vai funcionar dentro de uma estratégia de marketing.

Enquanto componho um conteúdo, tento incorporar em mim o emissor central, ou seja, quem assinará o texto. Na maioria dos casos, é uma empresa falando com uma voz profissional, em terceira pessoa. Procuro aplicar emoção, sendo informativo e persuasivo ao mesmo tempo. Essa é a fórmula que tenho aplicado em minha produção.

No começo, escrevi muito para estratégias de conteúdo B2B, ou seja, de empresa para empresa. Mas com o tempo, acabei me tornando um especialista em escrita personalizada, virando *ghost writer* de profissionais liberais, empreendedores, consultores, *coaches*, entre outros. Alguns podem torcer o nariz para isso, mas esse é um trabalho justo, afinal, nem todo mundo sabe escrever adequadamente para todos os objetivos; então, por que não contratar um especialista no assunto?

O trabalho personalizado feito com esses profissionais, por ser delicado e sigiloso, fez com que eu me tornasse versátil. Aprendi a flexibilizar meu estilo de escrita, redigindo conforme cada perfil de cliente. Quando faço algo do tipo, estudo a forma como o profissional se comunica, fala e escreve. Absorvo seus trejeitos e até alguns vícios. Conheço poucos redatores que fazem um trabalho tão minucioso.

Sei que, falando dessa maneira, pareço estar fugindo do tema central desse livro, mas não. Estou, na verdade, mostrando quão "elástico" um redator pode ser. Para suprir as necessidades dos consumidores que atendo, me dispus a dominar cada etapa de uma estratégia de conteúdo. Desde o plano inicial até a execução, e depois na mensuração de resultados. Isso permite que eu explore mais as possibilidades do conteúdo, criando assim uma essência única através da personalização.

Relatei minha história rapidamente e apresentei esses conceitos para você, de modo a selar com o seguinte: não seja apenas um redator. Seja o tipo de "profissional avis rara", que se dispõe a assumir qualquer papel necessário para cumprir a promessa de um conteúdo relevante e funcional para a web.

Em suma, aprenda tudo sobre marketing de conteúdo, *copywriting* e persuasão, SEO e Otimização de Sites, usabilidade, o básico de linguagem jornalística e seja especialista em, ao menos, um tema específico. Os próximos capítulos vão te ajudar com esses pontos.

1
Não é redação, é conteúdo!

> *"Conteúdo é um fundamento do novo marketing, principalmente para empresas que têm algo a dizer para o mundo. Empresas que acreditam na própria missão e que têm uma visão sobre como querem fazer parte da vida de seus clientes, devem investir e fazer conteúdo."*
>
> (Rafael Rez)

Quando eu ainda estava cursando marketing na universidade, não pensava em trabalhar como *web writer*. Imaginava que nos anos seguintes atuaria como estrategista, consultor, diretor de criação ou algo que soasse "mais sofisticado".

Apesar de gostar de escrever, não associava a escrita criativa a meu futuro profissional. Blogueiro? Não tinha esse desejo! Não pensava em algum ofício no qual pudesse expressar tal vocação. Escrever para mim era apenas um hobby. Vale destacar que, na época, eu atuava diretamente na área comercial de uma pequena empresa de comunicação da qual era sócio. Gostava de vender e estava aprendendo as premissas do marketing.

Poderia então, quem sabe, ser um diretor de marketing renomado de alguma grande agência, ou até mesmo de uma empresa multinacional. Mas um "vírus" já havia tomado conta de mim, mesmo que até aquele momento eu não tivesse percebido: o empreendedorismo.

Toda iniciativa da pequena empresa a qual eu me referi, partia principalmente de mim. Aprendi a fazer os meus horários e criar os meus próprios processos. Quando ainda restavam dois períodos para que eu me formasse como analista de marketing, descobri como funcionava o marketing de conteúdo.

Fui ligando os pontos: estava formado em marketing, tinha alguma experiência em empreender e tinha uma paixão pela escrita. Por que não unir o útil ao agradável? Sendo assim, iniciei uma ideia de negócio, em que trabalharia atendendo principalmente agências de conteúdo.

Minha grande descoberta

Isso não seria pouco para quem desejou ter um cargo de *status* na era de marketing? Não, pois encarei a profissão de redator de forma muito positiva. Entendi perfeitamente que *web writing* é uma área de extrema importância para estratégias de marketing digital das empresas.

Mas, por que é tão importante? Porque é a partir dessa criação de conteúdo que a responsabilidade de transformar as pontuações de uma estratégia em algo real que os usuários possam consumir e apreciar. É a partir de sua produção que os resultados tangíveis em uma estratégia de marketing podem ser alcançados.

Antes de definitivamente unir o marketing à produção de conteúdo, eu adorava pensar nas formas criativas de redação publicitária, ou em como eu poderia criar textos no estilo jornalístico para artigos que escrevia para periódicos regionais. Mas isso não foi suficiente para o trabalho com a produção de conteúdo. Então, eu precisei ir além.

O papel do redator web

Em um dos capítulos do livro *Estratégia de Conteúdo*, de 2010, a especialista em conteúdo Kristina Halvorson trata especificamente de como as empresas interpretam errado o papel de um redator web. No Brasil, isso acaba sendo ainda mais explícito, pelo fato de que ainda estamos tentando entender o que significa uma estratégia de conteúdo. Apesar de parecer, o produtor de conteúdo não é "somente" um redator, é muito mais.

Essa confusão acontece porque ainda não temos "formações específicas" para quem produz conteúdo. Geralmente quem cria textos para a web, vem de outros setores como a redação publicitária, o jornalismo e a comunicação. Esses profissionais acabam se arriscando a fazer vários tipos de redação. Afinal, eles precisam viver e pagar as contas no fim do mês. Mas, quando se trata de uma estratégia de conteúdo o redator precisa entender que o que faz não é redação, é conteúdo. Em um trabalho de redação, seja voltada para a propaganda ou comunicação, o processo é o seguinte: conceituar, criar, revisar e aprovar. Mas quando se trata de conteúdo para web o ciclo é muito mais abrangente e vai desde a organização da informação até o arquivamento do conteúdo.

Faço uma ponte com um pensamento que dissemino desde que iniciei no ramo de conteúdo - "O produtor de conteúdo não apenas escreve, faz marketing." Procuro colocar isso em prática. Até porque, sem o marketing o conteúdo acaba sendo apenas um tipo de publicação sem retorno financeiro. Ou seja, como a intenção do conteúdo é direcionada ao trabalho comercial, devem existir ações precisas por trás do que é escrito, sempre com o foco final nas vendas.

Chegará uma época em que as empresas não mais contratarão redatores que apenas escrevam bem, mas sim profissionais que saibam produzir estrategicamente, pensando em resultados. É por isso que, se o redator web não compreender o básico de uma estratégia de marketing de conteúdo, estará com os dias contados no mercado. Acha que estou exagerando? Será?

As empresas estão cada vez mais convencidas de que precisam investir em conteúdos para se destacarem no mercado, e isso não será possível apenas com uma gramática excelente ou orações bem definidas. Para escrever um conteúdo que seja, de fato, eficiente, um redator deverá se preocupar em assumir a responsabilidade de ajudar os leitores *online* a encontrar a informação ideal. Deverá, portanto, produzir um conteúdo com o máximo de relevância.

Seu trabalho como produtor de conteúdo para a web não é o de somente encher as plataformas de bits, mas de transmitir informações úteis para que a persona se torne um cliente ativo. É sua também a função de conectar os consumidores às marcas. Escrever para a web não é apenas dominar temas, criar bons títulos e seguir um calendário editorial. É propagar ideias consumíveis, agradáveis e úteis que eduquem o cliente em potencial e o conduzam à compra.

É do redator web o trabalho de ser o porta-voz das empresas, iniciando e mantendo um ciclo de relacionamento com os leitores. Cada formato composto deve representar uma solução, levando o usuário à resolução de um problema. Por isso, lembre-se: o que você faz não é redação, é conteúdo.

É quase uma "obrigação" para uma empresa, hoje em dia, possuir um blog corporativo, já que é um canal perfeito para que possa gerar autoridade e colocar o marketing de conteúdo em prática. Enquanto muita gente ainda está procurando estratégias mirabolantes para conquistar sua audiência, outros estão assegurando resultados tangíveis com estratégias simples de conteúdo dentro de um blog.

Informação é o caminho na era digital. Para conquistar, as marcas precisam conversar e criar diálogos com seu potencial público-alvo. As pessoas reconhecem uma marca através do "som" da voz. Aliás, a voz é uma ótima metáfora para o marketing de conteúdo, pois com tal ideia é possível entender a necessidade do público, criar diálogos interessantes e formar o tom de voz ideal – mesmo que em um texto escrito.

A verdade sobre marketing de conteúdo

Mas, é preciso entender que fazer marketing de conteúdo não é somente publicar em blogs e divulgar essas publicações em outros lugares. De fato, uma estratégia de conteúdo não se resume em apenas "falar" para uma audiência. É preciso garantir geração de autoridade, atração de leads, formação de audiência e, claro, conversão de vendas.

A internet é um ambiente de criadores e publicadores. Alguns chamam o seu conteúdo de novo jornalismo; uma revolução que tem como base a publicação livre em canais como blogs e redes sociais. E não é preciso ter licença, pois na internet as pessoas comunicam o que bem entendem, de coisas supérfluas e descartáveis a pensamentos mais profundos e tocantes. A web tem essa característica democrática, onde todos podem dizer o que pensam, como querem, na hora que desejam.

Na web, a informação corre solta e isso muda os hábitos das pessoas. Essa transformação mudou a forma de as marcas falarem com seus públicos. Surgiu um processo único de personificação de discurso comercial, onde o espaço para a participação do consumidor é aberto. É nesse espaço que os diálogos se desenvolvem. A propaganda perde força e a conversa entra em cena.

O marketing passeia em outra dimensão, em que a conversação é a chave para atrair a atenção de um público-alvo e levá-lo, dessa forma, a um relacionamento mais íntimo com a empresa. Assim, a marca que não souber se comunicar com criatividade terá dificuldade para se manter viva.

A internet é conversação, e nesse contexto, o conteúdo representa uma forma pura de comunicação. A publicação de ideias em posts e artigos, dentro de uma linha editorial informativa, que leve o cliente à consciência plena do que você pode oferecer a ele, é umas das atitudes mais inteligentes da estratégia de conteúdo. E é exatamente aqui que a escrita para web ganha força.

Para colocarem seu marketing em prática, as empresas precisam personalizar, criar uma sequência lógica de publicações, lançar uma série de informações que tenham a ver com o nicho em questão, que dê respostas para as dores dos clientes, que mostrem a eles que esta marca é a solução para seus problemas. É assim que se consegue a tão falada conversão.

Tudo isso depende do produtor de conteúdo, que cria a voz ideal para a empresa falar a coisa certa, no tom certo, para o público certo. Compreende a importância do seu papel? O marketing na internet depende de você.

2
Estratégia de conteúdo: o que todo web writer precisa saber

> *"Estratégia de conteúdo é um plano holístico, bem construído, para conquistar um objetivo ou resultado específico."*
>
> (Kristina Halvorson)

Uma estratégia de conteúdo pode ser definida como o planejamento, o desenvolvimento e a gestão de conteúdo. O termo tem sido utilizado por profissionais de desenvolvimento web desde o fim da década de 1990, época em que a internet ganhava força no mundo todo. A estratégia de conteúdo funciona dentro do campo da experiência do usuário, mas também recebe a atenção de áreas relacionadas, como o gerenciamento de conteúdo, análise de negócios e comunicação estratégica.

Podemos entender estratégia de conteúdo também como a prática de planejar, criar, entregar e gerenciar um conteúdo útil e interessante a um público específico. Os conteúdos produzidos em uma estratégia podem ser textos, dados, gráficos, áudios, vídeos, enfim, tudo o que pode ser consumido *online*, disponibilizado em algum canal, como site, blog, rede social, entre outros.

No livro *Marketing de Conteúdo: A Moeda do Século XXI*, Rafael Rez diz algo interessante:

> Geralmente, quando se fala em estratégia de conteúdo, as pessoas costumam relatar o que pretendem lançar (formato) e onde (plataforma). Nesse caso, podemos exemplificar com as seguintes formas: uma série de artigos educacionais em um blog da empresa; uma base de conhecimento *online* em um site corporativo; um canal ativo no *YouTube*; uma série de webinários; um perfil atualizado no

Twitter, uma fanpage no *Facebook*. Mas a verdade é que essas táticas, mesmo que bem combinadas, não são suficientes para formar uma estratégia.

Uma boa estratégia de conteúdo é um plano de ação bem construído, articulado e possível de ser executado. Um mapa que nos tira de onde estamos e nos leva para onde desejamos. As 3 etapas principais de uma estratégia de conteúdo são:

1. Criação

Qual formato de conteúdo será produzido e publicado e por quê; a estrutura desse conteúdo e como será encontrado (canais de distribuição e divulgação) e a fonte do conteúdo (referência e a pessoa responsável por criá-lo).

2. Entrega

Como o formato chegará online; a pessoa responsável por revisar, editar, aprovar, publicar (gestor ou editor) e como, onde e quando será entregue ao usuário (calendário editorial).

3. Gestão

Quem cuidará do conteúdo depois de já ter sido lançado; o tempo que ficará disponível; o plano para atualizar, relançar, divulgar, alterar e a política, a métrica, o plano de avaliação geral do formato.

Content Strategy Alliance, a primeira empresa dedicada à estratégia de conteúdo do mundo, define que a "estratégia de conteúdo é promover o conteúdo certo para o usuário certo no momento."

Isso deve ser feito através de um planejamento estratégico de criação, entrega e gestão. Muitas empresas e profissionais acabam confundindo os estrategistas de conteúdo com editores. Mas estratégia de conteúdo é "mais do que apenas a palavra escrita". Ou seja, é mais do que redação e publicação gratuita em múltiplos canais. Lembra-se do que falei do lado comercial do conteúdo? Então, o estrategista deve trabalhar em prol disso e, da mesma forma, o redator.

O professor Brett Atwood, da Washington State University, explica que os profissionais responsáveis por uma estratégia de conteúdo precisam considerar como os formatos podem ser redistribuídos ou readaptados em outros canais de distribuição.

Além do mais, estrategistas e escritores de conteúdo devem se esforçar para alcançar a excelência, fazendo com que o conteúdo seja claro, compreensível, fácil de encontrar, acionável e compartilhável em todas as suas várias formas (grave isso, pois é importante para seu ofício como produtor de conteúdo).

Atualmente, o objetivo da estratégia de conteúdo para a web é o de atingir metas de negócios, maximizando o impacto do conteúdo dentro do marketing. Por isso, digo que mais do que aprender a criar e a usar ferramentas relacionadas, o profissional precisa ser um bom "marqueteiro", no bom sentido do termo.

A curadoria de conteúdo

Dentro da proposta de estratégia, existe o papel de curadoria. Um curador de conteúdo peneira elementos e identifica peças-chave que podem ser justapostas, criando, assim, um maior significado e estimulando a expansão da mensagem.

A curadoria visa aproximar o conteúdo da essência do negócio, sendo um meio estrategicamente selecionado e aplicado para envolver o público, transmitir a mensagem e inspirar a ação. Essa afirmação tem como base o artigo de Eric Scime (2009).

Em um texto[1] destinado ao tema, Rafael Rez aponta o problema de cair na vala comum de fazer "mais do mesmo" em uma estratégia de conteúdo. Principalmente, pelo fato de ceder à tentação de querer cobrir muitos assuntos, de modo a fazer "muito conteúdo, pouco realmente relevante".

O que Rez quer dizer é: não adianta bombardear o público com uma enxurrada de conteúdo se isso não fizer diferença na vida das pessoas. Nesse caso, é melhor lançar uma quantidade menor de materiais, com um propósito bem definido, mesmo que os formatos sejam mais profundos em informação.

Rez cita que algumas grandes marcas têm adotado um método eficiente na hora de definir o propósito — "focar em um único universo de conteúdo em torno de um assunto e trabalhar muito bem ele". O autor dá como exemplo a *Red Bull*, que dividiu isso em três etapas, a saber:

1. Definição de um tema central, pelo qual seu público é apaixonado (esportes radicais, no caso da *Red Bull*);

---

[1] http://bit.ly/estrategia-de-conteudo

2. Concentração e foco nesse assunto;
3. Transmitir a mensagem com autoridade, tratando do tema melhor do que ninguém.

Deu para entender a ideia, não é? O objetivo sempre é agradar o leitor que, nesse caso, poderá se tornar um cliente. Portanto, meu conselho é que você "não siga o bonde", produzindo e lançando conteúdo fraco e medíocre, gerando nada mais do que cliques inúteis. Se por acaso você estiver colaborando com uma estratégia em que produz posts em um ritmo frenético, com dezenas de publicações por mês, sem que nada seja preparado para a conversão, é bom repensar a estratégia.

Se você não for o principal responsável, comunique ao líder que, se o fluxo de informações lançadas pela empresa for muito grande, pode acabar atrapalhando ao invés de ajudar. E que um texto apenas bem escrito não é suficiente, pois é preciso vender e garantir que as palavras convertam os leitores em leads ou clientes. Em meio a tantos formatos como textos, áudio, vídeos, opiniões, o que a marca precisa é se destacar. E, nesse caso, não é questão de quantidade, mas sim de qualidade.

Agora posso entrar mais tranquilamente na parte prática, ou seja, na prática da produção propriamente dita. Pronto para desenvolver a arte da escrita para a web e produzir conteúdos poderosos? Siga em frente, tem muita coisa boa ainda!

3
O título

"Os profissionais de marketing precisam identificar as ansiedades e desejos dos consumidores e, então, almejar suas mentes, corações e espíritos."

(Philip Kotler)

A finalidade de um título é a de desenhar de forma rápida e breve a atenção para uma história. *Copywriters*, produtores de conteúdo e marqueteiros têm explorado bastante o tema títulos/*headlines*. Não o fazem aleatoriamente, pois o título é o elemento mais poderoso de um texto, sendo o primeiro responsável por despertar (ou não) o interesse de um leitor.

O mestre David Ogilvy, o pai da publicidade moderna, costumava dizer que se você não consegue vender nada através do título, joga fora 80% do dinheiro do cliente. Ele também dizia que uma simples mudança no título pode fazer a diferença de 10 para 1 em vendas; isso em se tratando de anúncios. Cabe perfeitamente na produção de conteúdo e você deve colocar em prática.

Sou um pesquisador assíduo de técnicas para redação, e nos últimos dois anos li "toneladas" de páginas sobre marketing de conteúdo, *copywriting*, redação publicitária, literatura, persuasão, retórica e jornalismo, sempre procurando colocar em prática o que absorvia. Leio desde Claude Hopkins, que já se dedicava à ciência da propaganda no final do século XIX, até autores novos de marketing de conteúdo, como Joe Pulizzi.

O que você aprenderá neste capítulo é um apanhado de conselhos com base no que tenho aprendido sobre a composição de títulos verdadeiramente fascinantes com esses e outros nomes. Meu objetivo aqui é o de apresentar a essência do que aplico em meus conteúdos para que você comece a desenvolver títulos que gerem resultados, como: mais atenção, mais conversão, mais relacionamento e mais vendas.

1. Desperte o autointeresse da persona

Todo título deve prometer alguma coisa, ou seja, indicar um benefício, apresentar uma oferta. O seu leitor está em busca de alguma coisa, desejando curar determinada dor, obter certo tipo de prazer etc. Quer se livrar de algo específico ou mergulhar em algo que lhe faça bem. Seu título deve indicar que o conteúdo que você publicou tem o que ele procura.

Para isso, é essencial conhecer o seu público-alvo, estudar bem a persona[2] — toda estratégia de conteúdo deve ter personas bem definidas —, e ter certo conhecimento sobre o que realmente o seu consumidor em potencial está buscando. Se você for o responsável pela estratégia de conteúdo, documente isso no *briefing*. Se não for, procure saber com o responsável o máximo de informações sobre as pessoas que lerão o seu texto.

Os publicitários do século XX aprenderam a escrever para ganhar prêmios. A publicidade estava mais para uma vitrine criativa e literária do que para uma fonte de vendas. Isso dura até hoje, mas não funciona na internet. Para conseguir cliques em anúncios, leituras em posts nas redes sociais, acesso em artigos de blog ou em página de vendas, seu título deve vender. Ignorar isso é garantir altas taxas de rejeição e trabalho perdido ao longo do tempo.

Exemplo de um título que promete algo:

> Como os homens acima de 45 anos podem parecer mais atraentes

2. Aguce a curiosidade

A curiosidade é o desejo que o ser humano possui de ver ou conhecer algo até então desconhecido. É uma vontade que faz parte do instinto do homem e da mulher, impulsionando a pessoa a explorar o universo a seu redor, compilando novas informações às que já possui.

Seu título deve ser uma espécie de ímã, uma atração mental. Nesse sentido, a curiosidade é um elemento poderoso. Pois, como é uma das emoções mais fortes que o ser humano possui, é preciso aproveitar isso na hora de criar os títulos de seus conteúdos.

---

2   Persona é um termo usado para definir a documentação simulada de um cliente ideal a partir de dados comuns reunidos.

Termos como "Segredo", "Pouco conhecido", "Informação restrita" e "Poucas pessoas têm acesso" podem funcionar muito bem. Da mesma forma, a apresentação de novidades pode ser um ótimo caminho para chamar a atenção. As pessoas estão sempre à procura de algo recém-surgido. Quem não se sente curioso em saber do que um grupo seleto de pessoas está desfrutando? Quem não gosta de experimentar produtos novos ou usufruir de melhorias em produtos já existentes? Veja a seguir mais um exemplo forte:

> Pessoas estão ficando ricas usando esta ferramenta de vendas automáticas

Esse é um título que deixaria qualquer empresário curioso para saber do que se trata, concorda?

3. Escreva para o Google

Estamos falando de conteúdos para web, que precisam, além de tudo, ser ranqueados pelo Google – e outros motores de busca, como o Bing e o Yahoo! É assim que os conteúdos vão gerar tráfego para os blogs onde serão publicados, por exemplo.

É essencial que você inclua a palavra-chave principal que deseja ranquear logo no título — falarei mais sobre isso em capítulo posterior. Isso ajuda o motor de busca a identificar do que se trata o seu texto, além de deixar claro para o leitor que o texto tem algo que o deixará interessado.

Hoje em dia, a relevância é o principal fator de otimização, mas incluir termos de busca em locais estratégicos do texto ainda é eficiente. Por isso, não se esqueça de trabalhar bem o SEO na construção de todo o texto, principalmente, começando pelo título. Por exemplo, se a palavra-chave é "conquistar homens", o título pode ser:

> Como conquistar homens sem parecer vulgar

4. Seja persuasivo

Os gatilhos mentais são poderosas armas de influência. Meu conselho é que você os estude muito bem se quiser mesmo persuadir e tornar seus títulos eficientes. É mais provável que as pessoas leiam o seu texto se o título despertar emoções. Então, pense nos títulos como iscas para que a leitura aconteça e continue. Recomendo o trabalho de Robert. B. Cialdini, principalmente com o livro *As Armas da Persuasão*.

Você ainda deve estruturar sua lógica de persuasão nos desejos e nas necessidades da pessoa a quem deseja convencer. Uma estratégia muito poderosa que pode ser utilizada é a do 'ganha-perde'.

Nós possuímos duas motivações básicas: evitar a dor e obter prazer. Dentro de um processo, pode-se se utilizar dessas motivações para ajudar a pessoa a aderir a seu ponto de vista.

Nesse caso, para deixar seu título persuasivo, você deve identificar o que a pessoa perde por não aderir a sua ideia e o que ganha se o fizer. Escrever com base nisso, é trabalhar profundamente sobre a parte emocional do seu leitor. Quanto mais você estudar o público-alvo, mais conseguirá acertar no tom, e mais obterá retorno com seu título.

Um título persuasivo para pessoas que sofrem de obesidade seria:

Como vencer a obesidade em 30 minutos por dia

5. Seja abrangente

Você precisa tomar cuidado para que seu título não exclua leitores que podem ser consumidores em potencial. Se você não tem restrição a atender homens e mulheres, ou jovens e idosos, por exemplo, evite se direcionar a apenas uma dessas classes.

Dessa forma, seu título poderá atrair leitores de ambos os gêneros, e de variadas faixas etárias. A não ser que o que você venda seja de fato para apenas um desses grupos. Se quem consome seus produtos são jovens de 15 a 18 anos, nesse caso, é até bom fazer algo do tipo:

O que todo jovem descolado precisa saber sobre namoro

6. Promova emoção

Existem algumas palavras que, quando usadas no momento correto, podem despertar emoções intensas nas pessoas. Às vezes, ficam felizes ou excitadas, podem se lembrar de algo passado na vida, ou ter recordações positivas e/ou negativas ao ler a mensagem etc. Isso pode ajudar você a chegar mais facilmente ao objetivo com o seu conteúdo.

Já falei de alguns fatores emocionais, como o autointeresse e do uso de gatilhos mentais, como o da curiosidade, mas para que você aumente o seu arsenal de recursos para um bom título, vou listar algumas palavras poderosas. Seu título pode ser reforçado por termos emocionais, e que façam o leitor pensar que você está escrevendo para ele, como por exemplo:

> Medo, dor, querido, amor, orgulho, filho, família, prazer, você, sonho, desejo, paixão, prazer, conquista.

Essas palavras são bastante funcionais para emocionar e fazer com que o seu leitor se sinta tocado pela mensagem inicial do conteúdo. Use-as em seus títulos!

7. Seja simples

Evite escrever difícil. Você pode até ser um redator com vocabulário sofisticado, vasto, ter um dicionário mental invejável, mas não é recomendável que use isso em seus textos para a web. Quanto mais simples e claro você for, mais resultados poderá gerar com a sua escrita.

Então, a menos que você tenha uma razão especial para escrever assim, use uma linguagem mais coloquial, para que todo o usuário que acessar seu conteúdo possa entender. Às vezes, me sinto tentado a embelezar a mensagem, mas me esforço para colocar meu ego de lado e redigir como se estivesse batendo um papo com um amigo ou ensinando o que sei a uma turma de colegas.

Essa simplicidade deve estar presente no título. Uma boa dica é tentar escrever como você fala. *Eu não faria isso se fosse* você soa mais amigável do que *Uma advertência para profissionais de RH com experiência*. Deu para pegar a ideia, não é mesmo?

8. Pegue termos dessa lista

Para fechar, apresento alguns termos que podem fazer toda diferença nos títulos de seus conteúdos para a web. Mas faço questão de destacar que não se deve usá-las de forma aleatória. Analise sempre a proposta da pauta, o tipo de produto ou serviço e o perfil do leitor, antes de sair aplicando qualquer uma delas:

> Como; Mais; Resultados; Agora; Novo; Grátis; Bônus; Maravilhoso; Dicas; Última chance; Não perca; Influência; Surpreendente; Sensacional; Simples; Segredo; Acelerar; Passo a passo; Bomba; Polêmica; Está acabando.

Uma dica muito útil é: estude as manchetes de revistas e jornais. Os jornalistas, principalmente os norte-americanos, são ótimos na criação de títulos atrativos e impactantes. Além disso, a prática constante, se possível diária, é o caminho para conseguir produzir títulos que agradem o seu leitor. Pense nisso!

4
O texto

"Um bom texto não pode ser escrito de má vontade, apenas como forma de ganhar a vida. Você tem que acreditar no produto."

(David Ogilvy)

Um texto para web precisa ser leve e ao mesmo tempo profundo. Leve, no sentido de ser fácil de ser lido e profundo no âmbito de realmente ensinar algo ao leitor. David Ogilvy também recomenda:

"Quando se sentar para escrever um texto, finja que está conversando com uma mulher ao seu lado, num jantar. Ela lhe perguntou: Estou pensando em comprar um carro novo; qual você recomendaria? Escreva seu texto como se estivesse respondendo esta pergunta" (*Confissões de um Publicitário*, 1984, página 120).

Essa é uma excelente analogia, e apesar de isso ter sido escrito há várias décadas, num contexto totalmente diferente, pode ser usado na escrita para a web.

Também reservo algumas dicas para te ajudar a compor bons textos. Acompanhe a partir de agora:

1. Prenda a atenção do leitor

A primeira regra é conectar logo no título. No capítulo anterior, mostrei como você pode fazer isso. Depois, quando o visitante clicar no link e for direcionado ao texto, precisa continuar a ser "agarrado" no primeiro parágrafo.

Costumo usar frases de impacto, uma espécie de sub-headline logo na primeira frase do artigo. Pode ser uma pergunta, um fato, ou até mesmo a introdução de uma história. A ideia é incentivar a continuação da leitura. Lembre-se de que, na web, tudo é muito rápido. Caso não, o interesse do leitor não é despertado nos primeiros segundos; consequentemente, ele sai do site, e pode nunca mais voltar.

Explicando de outra forma, é preciso ir direto ao ponto. Não é interessante ficar dando voltas em torno do assunto e fazer seu leitor rodar até entender o objetivo do conteúdo.

Na web, utiliza-se muito a pirâmide invertida, uma técnica de jornalismo que consiste em apresentar o assunto logo de cara e ir desenvolvendo o tema até chegar ao clímax.

Isso funciona muito bem, conquanto nem sempre eu utilize a estrutura de textos dessa mesma forma. Costumo variar a abordagem, de acordo com o tema e o perfil do leitor. Mas em resumo, é preciso manter o leitor engajado no texto; não importa a sua estrutura textual de preferência.

2. Comece falando do problema

Começar explorando o problema que o leitor enfrenta logo de cara é também uma ótima forma de engajar. É sempre válido fazer algo do tipo "você tem esse problema tal e este conteúdo vai te mostrar a solução". Quando a pessoa tem uma dor, não vai hesitar em prestar a atenção, se alguém lhe diz que pode ajudá-la. Pense nisso na hora de escrever para a web!

Outra jogada é dar conselhos úteis para o leitor, algo que possa fazê-lo ao menos diminuir suas dificuldades. Na minha carreira como web writer e blogueiro, percebo que mais leitores são conquistados quando você entrega dicas realmente úteis.

Aliás, explorar o problema no texto é um grande trunfo usado por quase todos os especialistas em marketing digital atualmente, o que acaba caracterizando o conteúdo praticado nos sites e blogs de empresas do mundo todo.

Se você mostrar ao leitor que ele tem uma necessidade a ser sanada ou que o produto pode satisfazer alguma espécie de desejo que tenha – o que não significa inventar dados, mas constatá-los e trazê-los como argumentos – suas chances de conseguir a atenção e a conversão são maiores.

3. Venda

Um artigo comum de blog também pode vender diretamente? Sim, e você pode explorar isso muito bem.

Essa pode parecer uma afirmação controversa do ponto de vista de alguns especialistas mais ortodoxos.

A venda não precisa apenas ocorrer de forma direta nas páginas de vendas, somente depois que o lead recebeu uma enxurrada de conteúdos antes de decidir comprar. Acho válida esta visão, e acredito que funcione muito bem. No entanto, qualquer conteúdo pode servir como meio para as vendas, isso, claro, se for feito com ética e honestidade.

Já fiz muitos conteúdos para a web que falavam diretamente de um produto. Para esses, utilizo uma técnica conhecida como 50 x 50, na qual metade do conteúdo é direcionada à educação e conscientização do cliente sobre o que precisa ser feito, e, na outra metade, falo sobre um produto que vá ao encontro da solução.

Se você está atraindo as pessoas certas para o seu site, e tem produtos que realmente atendam às necessidades deles, não tem porque "esperar para vender". Podemos usar o conteúdo de forma inteligente para alcançar mais clientes.

4. Planeje o seu artigo

Um dos pontos principais de uma boa produção de textos para a web é planejar cada artigo antes da produção. A ideia é basicamente a seguinte: dividir o conteúdo em blocos, criando o título, subdividindo o número de palavras pelos tópicos, e por fim, fazendo a pesquisa e desenvolvendo o artigo.

Veja como fica isso na prática:

Exemplo: Artigo de 500 palavras
Tema: "Emagrecimento"
Título: "X formas de emagrecer rápido"
Divisão de tópicos:
- 50 palavras introdução
- 50 palavras conclusão
- 100 palavras cada tópico

Tópicos:
- Introdução
- Forma 1 – Exercícios para perder peso
- Forma 2 – Dieta equilibrada
- Forma 3 – Beber bastante água
- Forma 4 – Contar com a ajuda de um profissional

Você deve calcular o número de palavras para cada tópico, isso te dá uma base começar. O segredo é definir os tópicos com antecedência também. Esse mapa prévio é muito importante para escrever de forma produtiva. Sem esse suporte, você tende perder mais tempo na hora de escrever.

5. Pense na usabilidade

Redatores ainda pensam pouco em usabilidade, comparados a outros profissionais, como web designers e programadores. A usabilidade é responsável por deixar um site amigável aos olhos de qualquer pessoa, isto é, fácil de entender. Ambos itens são essenciais para o sucesso dos suas páginas e artigos.

Para isso, é importante conhecer como as pessoas leem na internet. E a maioria não lê, mas "escaneia" as páginas. Segundo uma pesquisa da Nielsen Norman Group (1994), 79% dos usuários da internet não leem palavra por palavra quando entram em um artigo. Elas "passam o olho", da esquerda para a direita, e de cima para baixo, dando especial atenção para o primeiro parágrafo, seguindo uma busca por mais informação e a leitura de outro parágrafo.

Esse é o padrão geral de leitura, portanto, deve ser também o de escrita, para capturar a atenção do visitante nos pontos certos. Algumas práticas ajudam muito a facilitar a leitura, como escrever parágrafos curtos, aplicar negrito em determinados pontos do texto, dividi-lo em vários intertítulos, usar listas e *bullet points* etc.

6. Use a fórmula do ensino fundamental + CTA

Há uma estrutura geral dos posts para blogs, formada por uma fórmula fácil de decorar:

- Título
- Introdução
- Desenvolvimento (dividido por intertítulos)
- Conclusão

Isso é o que aprendemos no Ensino Fundamental nas aulas de redação e produção de texto.

Inclua o CTA (*Call-to-action*, ou chamada para ação), e pronto, temos um modelo que funciona bem. Com o tempo, você pode até mudar essa estrutura, mas até que esteja seguro, o melhor é ser fiel à essa fórmula, pois serve para tornar o conteúdo fácil de ser lido e entendido pelo leitor.

7. Divirta-se

A dica soa estranha? Pois é, mas é isso mesmo. Nada impede de você se divertir escrevendo para a web. Isso, na verdade, se torna fácil quando você ama o que faz. Quando não se encara a produção de conteúdo como um trabalho frio e inflexível, tende a ser mais criativo e a compor com mais liberdade. Adote esse conselho e perceba como seus textos vão fluir mais facilmente.

5
SEO

"Links patrocinados podem viver isolados em uma empresa. Já SEO envolve tudo!"

(Seth Besmirtnik)

Quem trabalha com conteúdo web precisa saber o quanto o SEO é importantíssimo para o bom ranqueamento de uma página ou de um site nos motores de busca. Resolvi apresentar neste capítulo considerações essenciais para que você aplique essa estratégia em sua produção de conteúdo para a web.

Meu objetivo é que você fique apto a criar textos que permitam sites e/ou blogs a ser facilmente encontrados e gerarem mais que tráfego, ou seja, mais visitas através do Google ou outros motores de busca como o Yahoo! e Bing.

Primeiramente, é bom saber como os algoritmos de pesquisa tratam os sites. Quem cria conteúdo com a finalidade de gerar visitas, leads e vendas, precisa saber fundamentalmente como construir um site rastreável pelo Google, com conteúdo que seja corretamente indexado e ranqueado. O processo funciona basicamente assim:

1. Rastreamento

O site precisa ser rastreável pelo Google e por outros motores de busca. Se a plataforma for lenta, se não houver *sitemaps* corretos e se a estrutura do site estiver errada, o Google não conseguirá rastrear as páginas. Dessa forma, fica difícil fazer as páginas ficarem em posições privilegiadas.

2. Indexação

O termo indexação é relacionado à colocação das páginas que o motor de busca rastreou no Índice de páginas de resultados. Nessa fase, o Google exclui conteúdos duplicados, dá prioridade às páginas mais importantes e compreende as ligações entre o seu site e outras plataformas relacionadas. Se tudo estiver certinho, o buscador dá um "peso" ao seu conteúdo diante dos outros sites da internet.

3. Ranqueamento

Esta terceira etapa é a única visível aos usuários. Aqui é onde acontece efetivamente a ordenação das páginas a cada pesquisa feita por determinada palavra-chave.

Toda vez que um usuário fizer uma busca, o algoritmo apresenta os resultados personalizados. É bom saber que, em geral, as posições médias dos resultados são muito parecidas quanto existem milhares de pesquisas feitas pelo mesmo termo.

Sem saber como esse processo funciona, e como o conteúdo deve estar publicado em seu site e/ou blog, você pode acabar jogando muito esforço fora em termos de produção de conteúdo.

Palavra-chave: a base para um conteúdo otimizado

É muito importante que, antes de qualquer produção, as palavras-chave estejam definidas. Você deve saber quais os termos de busca mais relevantes que os usuários digitam nos sites de pesquisa quando estão à procura do que você oferece.

Uma das ferramentas usadas para encontrar os termos digitados pelos usuários é o "Planejador de Palavras-Chave", do Google AdWords.

Trata-se de recurso gratuito e muito eficiente na hora de definir os termos de pesquisa. Possibilita descobrir quais as palavras mais relevantes em relação ao assunto que se pretende escrever, os termos mais pesquisados e uma relação de concorrência quanto a elas.

Quanto menor for a concorrência e quanto mais busca a palavra tiver, melhor será para trabalhar com ela nos conteúdos e gerar tráfego. Entretanto, não basta apenas escolher termos e espalhá-los pelo conteúdo, pois os motores de busca, hoje em dia, consideram muito mais a relevância. Por isso é bom se preocupar principalmente em produzir um conteúdo de qualidade, que ajude as pessoas, que encante.

Encontrabilidade

Diversos especialistas, de produtores de conteúdo a profissionais de SEO, afirmam que o título é o elemento que deve receber mais atenção na hora de criar um conteúdo otimizado. Por isso reserve um tempo para pensar em títulos atraentes tanto para o público quanto para os motores de busca.

Ok, mas isso influencia no ranqueamento? Certamente! Estamos falando sobre encontrabilidade. Se o título do seu conteúdo não tiver a ver com a mensagem central, seu esforço de produzir um formato otimizado pode descer pelo ralo.

Sempre procuro usar as palavras-chave principais no título para facilitar as buscas, claro, desde que isso não atrapalhe na relevância. O propósito dos algoritmos é mostrar às pessoas os resultados mais relevantes em suas buscas, e isso precisa estar presente no título, para quando o seu site aparecer entre outros na página do buscador, as pessoas se interessem e cliquem nele.

Heading Tags

Os *Heading Tags* também devem ser considerados. Este é um recurso utilizado tanto por programadores quanto por profissionais de SEO e marketing de conteúdo. Para que você entenda, *Head* é um termo em inglês que em tradução significa Cabeçalho. Os subtítulos (H1, H2, H3…) que utilizamos em um artigo de blog podem ser considerados *Headers*.

Por exemplo, o H1 é o Cabeçalho 1. Este é o mais importante dos *Headers*. Conceitualmente, é o intertítulo que apresenta maior destaque, com uma fonte maior, sendo, geralmente, o elemento textual mais visível em uma página. No que diz respeito à produção de um conteúdo para o SEO, além do título, a tag H1 é o elemento que os buscadores identificam o assunto principal de uma página.

Portanto, o título e o primeiro intertítulo acabam ajudando a definir o assunto abordado. Por isso, procure encaixar a palavra-chave que você quer ranquear em pelo menos um intertítulo; de preferência, no primeiro. Uso como exemplo um texto[3] publicado pela Mentalidade Empreendedora, empresa de educação focada em negócios. Para a palavra-chave "consultor de marketing digital", foi criado o título:

> 7 passos incrivelmente práticos para se tornar um *consultor de marketing digital* e construir sua reputação na internet

---

3 http://bit.ly/consultor-me

O primeiro intertítulo ficou:

O que um *consultor de marketing digital* realmente faz?

Link Building

Link building também é uma técnica muito importante e essencial para SEO de um conteúdo. Ajuda, e muito, a aumentar a autoridade de um conteúdo e da plataforma. O que você deve fazer é conseguir links bons, referenciando o seu conteúdo e o seu site (linkagem externa). E para "amarrar" os conteúdos e levar o usuário de um assunto para outro mais facilmente dentro do blog (linkagem interna).

Quanto aos sites externos, se você trabalhar bem a relevância dos seus conteúdos, logo as pessoas estarão fazendo a linkagem para eles, pois ele estará garantindo autoridade e visibilidade, bem como certo grau de impacto no mercado. Mas você pode facilitar isso com a técnica de *guest posting*, isto é, quando um convidado produz um conteúdo para outro site (para saber mais sobre isso, consulte o capítulo 15).

De 2 em 2 anos, a empresa Moz, empresa de consultoria de SEO, realiza uma pesquisa com os especialistas de otimização ao redor do mundo em busca de elaborar a pesquisa mais conceituada e aceita no mercado sobre os fatores de ranqueamento. Numa dessas oportunidades, comprovou-se que os links estão presentes em 40% dos fatores de ranqueamento citados pelos profissionais entrevistados.

Existem muitos fatores ligados ao *link building* que não temos como tratar em apenas um capítulo. Por isso meu conselho é: se você deseja se aprofundar no assunto, busque materiais complementares ou faça cursos e treinamentos que te ajudem a avançar no tema. Meu objetivo aqui é que você compreenda os princípios de como otimizar um texto para que seja encontrado pelos motores de busca.

Link Building interno

Vale falar mais um pouco sobre *link building* interno, uma estratégia de SEO que consiste em criar links internos, otimizados através de determinados textos âncora e títulos criados cuidadosamente.

Na pratica, *link building* interno é até fácil. Por exemplo, se você está escrevendo um artigo que cita o termo "casamento perfeito" pode linkar para uma página dentro do blog, na qual você escreveu justamente sobre "como ter um casamento perfeito".

Google dá muita importância a isso, pois quando você linka internamente seus artigos, está dizendo aos motores de busca que aquela pagina é importante para seu visitante, o que acaba aumentando a autoridade do artigo principal, e reforça a autoridade dos artigos linkados.

Sem contar que isso ajuda a diminuir a taxa de rejeição. Os links internos ajudam o visitante de um site a encontrar as informações que são do interesse dele, o que é uma das melhores formas de aumentar o tempo de permanência dele no seu blog.

Enfim, *link building* interno ajuda a distribuir links entre todos os artigos do blog e, assim, você está aumentando a importância do seu artigo principal, e igualmente de todos os seus outros artigos interligados.

SEO, cauda longa, informações valiosas e conexão

A ideia inicial é sempre compreender o que o público realmente está buscando. Eu, por exemplo, faço análises de diversas palavras-chave, e uso algumas nem tão pesquisadas, mas que, em muitos casos, ajudam bastante a conectar com a audiência e aumentar os resultados do conteúdo lançado.

Valorizo bastante o SEO e gosto de trabalhar conteúdos que sejam, além de tudo, bem encontrados no Google. Mas também defendo a criação de conteúdos que não sejam "apenas pensados em SEO".

Ou seja, conteúdos que agradem a audiência, mesmo não sendo criados para os algoritmos dos buscadores. Considere as análises de grupos onde as pessoas interagem frequentemente. Fóruns, comunidades no Facebook e outros canais são excelentes para colher feedbacks que ajudem a criar algo que seja interessante para os leitores/clientes em potencial.

Logicamente, desenvolver textos que sejam de interesse ao leitor, mesmo sem SEO, é algo mais empírico, ou seja, vai mais da experiência do profissional, do que de aspectos técnicos propriamente ditos.

Agora, voltando ao uso dos termos de busca para ser aplicados mais precisamente no processo, algumas empresas utilizam o conceito de *long tail* (cauda longa) para aumentar os resultados dos conteúdos dos seus sites.

Tratam-se de expressões de busca mais específicas, que geralmente são compostas por 3 ou mais palavras, são ótimas para levar o usuário até um conteúdo que esteja de acordo com sua necessidade ou desejo. Esses termos podem gerar volumes mais baixos de busca e tráfego, mas levam a pessoa que procura por algo mais específico a interagir mais.

Vamos supor que você tenha um site que venda artigos musicais no Rio de Janeiro e queira que os músicos encontrem seus produtos na primeira página do Google de forma orgânica. O uso de palavras-chave como "loja de música", "instrumentos musicais", "guitarra", que são bem generalistas, podem fazer com que esse o usuário não encontre sua página, pois a concorrência por esses termos é bastante elevada.

Um bom exemplo de palavras-chave cauda longa que especificariam os interesses desse músico, seriam:

- guitarra les paul.
- guitarra usada.
- onde comprar guitarra nova.
- loja de instrumentos musicais rj.
- loja de musica rj.
- preço de guitarra.
- comprar guitarra barata.
- guitarra para iniciantes.

Essas palavras possuem uma média de pesquisas mensais menor, mas em compensação são palavras que aumentam as chances de compra dos músicos, pois os interesses estão direcionados de forma mais clara. Ou seja, essas palavras geralmente possuem uma taxa de conversão maior que as de cauda curta, e também uma concorrência menor do que o habitual.

No livro *Regras de Conteúdo* (capítulo 1, página 10), C.C Chapman e Ann Handley citam o caso de Marcus Sheridan, dono de uma empresa de instalação de piscina. Marcus alcançou êxito ao usar expressões de cauda longa em séries de conteúdo no site da organização. Ele explica que essa abordagem é similar a "não marcar um gol em cada ataque, mas se você insistir, pode ganhar o jogo".

Fazendo uma ponte, procuro trabalhar de forma empírica e técnica na hora de escolher as palavras-chave para o meu conteúdo. Tento me colocar no lugar do cliente e digo: "que perguntas ainda não foram respondidas? ".

Isso acaba me levando a ser mais específico. Dando outro exemplo, se você tem um site sobre produtos para cabelos, pode usar termos mais abrangentes como "xampu", "condicionador", "tônico capilar". Mas, se você quiser ir mais fundo, deve usar termos maiores e mais específicos, como "xampu para cabelos oleosos", "condicionador para cabelos secos" e "tônico capilar para queda de cabelo".

São termos que podem não gerar tanto tráfego, em termos de volume, mas que levam o usuário diretamente para um post, onde, no fim, pode apresentar uma solução (leia-se produto). Vendas orgânicas e certas poderão ser feitas.

Num geral, faço as coisas desta forma: trabalho com palavras mais genéricas e com alto volume para posts conceituais para gerar tráfego e leads; e com termos mais específicos que me permitem explorar melhor os temas e resolver os problemas das pessoas que se interessam por algo mais específico, e, portanto, são "mais sofisticadas" em suas pesquisas.

Veja: um empresário que busca saber como usar o marketing de conteúdo em seu negócio, em breve poderá buscar algo do tipo: "como contratar um redator para o meu blog", ou "como criar um planejamento para o meu conteúdo". Se há buscas no Google para esses termos e se eu produzir conteúdo que explorem isso, certo que o usuário encontrará o meu conteúdo mais facilmente e estará mais aberto a receber os meus conselhos e contratar os meus serviços.

Para que esse processo flua, é preciso estar atento ao que as pessoas precisam e desejam e aos problemas que enfrentam. Lembre-se de que, quanto mais valiosas forem as informações fornecidas pelo seu conteúdo, mais você será visto como um especialista e mais ganhará a confiança das pessoas. Não preciso dizer que isso pode facilitar, e muito, suas vendas, não é?

Pratique o que foi abordado aqui na hora de produzir seus conteúdos, mas lembre-se de que o SEO precisa ser trabalhado em curto, médio e longo prazo. Fazer um conteúdo chegar ao primeiro lugar das buscas é trabalhoso. Mas a vantagem é que terá mais chances de aparecer bem nas pesquisas e isso gera credibilidade, mais visitas, mais leads e mais negócios para você e os seus clientes.

Use palavras-chave de cauda longa e ajude os usuários com problemas específicos, mas dê importância à relevância e qualidade. Um bom acaba recebendo atenção natural por parte dos usuários e tende a converter mais. Por isso, sempre foque em qualidade.

Inclua palavras-chave e termos de busca de modo coerente em seu blog; não de um jeito chato e que atrapalha a qualidade do conteúdo. Você pode incluir as palavras-chave que desejar, mas faça isso de modo natural, coerente. Não faça com que você se pareça com uma ferramenta, ou pior, que pareça não saber nada enchendo seu conteúdo de termos de busca descontextualizadas e sem valor para o usuário. Seus resultados em SEO e conversão aumentarão consideravelmente!

6
Copywriting

"Se tivesse que ensinar uma habilidade para meus futuros filhos essa seria a habilidade de copywriter."

(Jeff Walker)

Copywriting nasceu há, pelo menos, 150 anos nos Estados Unidos. Claude Hopkins, considerado um dos pais desse método, já pesquisava os desejos de consumidores desde 1886, antes de escrever um texto de vendas. Pelo fato das agências de propaganda no Brasil não terem desenvolvido tanto o marketing direto (devido a características peculiares do mercado brasileiro), durante todo esse tempo, tal método de escrita persuasiva nunca havia chegado de fato à língua portuguesa. Por isso é que, provavelmente, você nunca tenha conhecido um *copywriter*.

Mas de uns anos para cá, os brasileiros estão se dedicando cada vez mais a essa forma de escrever que, há tempos, gera resultados nos países de língua inglesa, principalmente nos Estados Unidos.

Por conta dos avanços da ciência em geral e descobertas da neurociência, em particular, a área tem sido muito cobiçada. Ao estudar *copywriting*, elevei bastante o nível de minha comunicação, não apenas no que diz respeito às vendas, mas também quanto à clareza do texto.

Quando escrevo, tomando como base *copywriting*, acabo tornando o texto mais objetivo e cativante. Devo ressaltar, porém, que não uso técnicas de *copywriting* pensando apenas em vendas. Não coloco um gatilho mental a cada frase escrita. Apenas tento tornar as coisas mais fáceis, tanto para mim, quanto para o leitor. No fim, acabo convertendo mais.

Apesar de não ser formado em jornalismo, tenho uma pequena bagagem com textos desse estilo. Fui idealizador e editor de uma revista de bairro chamada "Nossa Gente" durante um ano e meio, o que me proporcionou boa experiência com textos jornalísticos. Mas, tento não deixar esse meu lado "jornalista na prática" falar tão alto na hora de escrever para a web; já que o conteúdo web tem uma proposta diferente. A abordagem é outra. No fim, é preciso converter, lembra?

Por que estou dizendo isso? Porque, de acordo com meu entendimento, numa escala imaginária, um texto informativo, puxado para o jornalismo seria um "extremo abaixo", estando o texto persuasivo, de *copywriting*, na "ponta de cima", ou seja, no outro extremo.

O que então seria ideal em um texto para blog? O equilíbrio. Sei que parece tolice comparar uma linguagem à outra, mas foi dessa forma que consegui estabelecer o equilíbrio: "Tanto informativo, quanto vendedor".

Não gosto muito dessa coisa de "politicamente correto" e sou a favor do "cada um faz o que entendeu ser o certo". Desde que a ética e o equilíbrio sirvam como base, e que o trabalho também gere resultados. No entanto, no que diz respeito ao uso de *copywriting* em conteúdo, sou total entusiasta e acredito que todo produtor precisa aprender e aplicar na hora de escrever um texto para os canais online.

A escrita para web deve atrair, educar e provocar consciência. Mas também precisa persuadir, convencer e converter. Lembra o que apresentei em capítulos anteriores? O conteúdo também deve vender. E, nesse caso, usar *copywriting* se torna essencial.

Cabe ao responsável pela produção, seja ele o editor ou o redator, saber o que, quando e como usar cada técnica. Principalmente, comunicando bem nas diferentes etapas da jornada de compra (topo, meio e fundo do funil de vendas).

Trabalhar com marketing digital tem sido um desafio constante para mim, já que todo dia me aplico a conquistar tal equilíbrio. Com *copywriting*, consigo elevar os resultados como produtor de conteúdo. Tudo fica mais simples quando você entende que *copywriting* não é apenas para vender. Na verdade, dá base para muitas coisas, inclusive, tornar o texto mais atraente.

Os títulos, por exemplo, se tornam muito menos cativantes sem o trabalho de *copywriting*. O mesmo com a introdução, os subtítulos e call-to-action.

Vejo muitos redatores comprometendo o resultado final de seus artigos por aplicarem frases sem o devido cuidado. Encaixam bem as palavras-chave, tornam o texto legível, mas não aplicam o mínimo de energia, de dinamismo. Ao estudar *copywriting*, você acaba se policiando mais. Acredito que só compreendendo as premissas de um bom texto persuasivo é que conseguimos garantir a conversão.

Minhas referências em Copywriting

Ao observar bem o trabalho de David Ogilvy, consegui assimilar melhor isso. Como um dos maiores redatores de publicidade de todos os tempos, David vendia muito, mesmo não vendendo diretamente. É assim que procuro fazer também. Aliás, assim como Ogilvy, outros grandes redatores publicitários americanos são ótimos professores de *copywriting*. Posso citar Bill Benbarch e David John Abbott, como grandes exemplos.

Num contexto mais moderno, Seth Godin é outra grande referência. Na verdade, é a maior para mim dentro do marketing digital. Pode até não usar tantas técnicas persuasivas, mas seus textos conectam de uma forma ímpar.

Sou leitor assíduo de seu blog (sethgodin.com) e assinante de seu *newsletter* diário e encontro muitas lições de *copywriting* em sua abordagem. Quando se trata de espalhar ideias, contar histórias e emocionar o leitor, Godin é mestre.

Tento trazer muito de sua abordagem para meu estilo, afinal, Seth Godin sabe como cativar seus leitores. Faço isso, claro, sem abrir mão de minhas peculiaridades. Bem, temos que considerar o fato de que Godin tem uma grande vantagem: é uma autoridade mundial. Já vi conteúdos de seu blog escritos com apenas uma frase. Mas "todo mundo clica e todo mundo lê", pois, a coisa é mesmo boa (espero chegar a esse nível um dia!).

Em resumo, com *copywriting*, seus conteúdos se tornam mais persuasivos, o que não é nada ruim quando você quer que o leitor clique para ler o texto, e que vá até o fim da leitura. Entretanto, é preciso pensar na importância de ser criativo e original.

Infelizmente, a produção de conteúdo no Brasil acaba funcionando com muito "Control C, Control V". Um cara cria um bom título, um segundo vem e faz uma cópia. Depois um terceiro imita o segundo, e o fluxo se repete várias vezes, até que no fim, o texto é um "Frankstein".

Um "segredo matador" para você

Sem que percebamos, os termos utilizados acabam ficando batidos e passam a não gerar tanto resultado quanto deveriam. Houve uma época em que estavam utilizando muito o termo "matador". Era "dica matadora" para lá, "conselho matador" de cá, e todo mundo saiu matando... Até que o matador não matou mais ninguém. Da mesma forma é o segredo. Todo mundo tem um segredo agora. No fim, todo mundo descobre o segredo, e, portanto, "o segredo deixa de ser segredo".

Sei que palavras como essas surtem efeito, mas quando todo mundo começa a fazer a mesma coisa, além de ser chato, é inútil. Por isso, meu conselho para você é: procure se diferenciar, sempre.

Seja criativo e crie seus próprios títulos, use suas próprias palavras. Mesmo que você tenha visto a palavra sendo usada por alguém, procure se diferenciar. Aliás, com apenas uma palavra você consegue criar uma infinidade de títulos com a aplicação de *copywriting*.

A ideia então é aprender como funciona o processo de criação com o uso de técnicas persuasivas, sem ficar copiando fórmulas prontas. Sei que acaba sendo uma tendência natural copiar quem já é autoridade no assunto, mas se o devido cuidado não for tomado, o próximo "Frankstein" poderá ser seu.

Meu conselho para você que é produtor de conteúdo aqui é que inclua *copywriting* em seu processo de produção, mas não descontextualize o marketing de conteúdo. Não faça SPAM, não deixe seu blog parecendo uma cópia barata de algum outro. Seja profissional, relevante e escreva com emoção e verdade.

Para fechar o capítulo, deixo como exemplo um artigo[4] escrito para o meu blog com técnicas de *copywriting*. Talvez te sirva de inspiração:

O redator profissional que você precisa para gerar mais negócios

Você pode não estar vendendo nesse exato momento simplesmente porque não sabe como se comunicar com seus clientes.

As coisas podem não estar claras para você, mas você precisa de um redator profissional...

Na verdade, produtor de conteúdo é o termo mais indicado.

Esse é o profissional responsável por escrever aquilo que sua empresa precisa falar e o que seu consumidor precisa ouvir.

Num plano de conteúdo é dele a responsabilidade de transmitir a coisa certa, palavra por palavra.

O resultado?

Mais pessoas acessando o seu site...

Mais clientes conscientes do que sua empresa pode fazer por eles...

Mais conversão em vendas e mais lucro.

---

4 http://bit.ly/redator-paulo

Se você deseja que sua estratégia de conteúdo funcione, eu posso lhe ajudar.

Trabalho com comunicação e marketing desde 2010, e desde 2013 me dedico ao ofício de redator profissional.

Tenho a honra de liderar estratégias de conteúdo para dezenas de blogs de sucesso no mercado digital.

Já tive mais de 2000 artigos publicados e sou um dos produtores de conteúdo mais requisitados do Brasil nos nichos de marketing e empreendedorismo digital.

Se você precisa de alguém que escreva as palavras certas para que você cumpra seus objetivos de negócios, vamos marcar uma conversa.

<u>É só entrar em contato por aqui!</u>

Vou lhe apresentar 5 motivos do porquê precisamos desenvolver um trabalho juntos:

1. Enquanto eu escrevo pelos seus resultados, você cuida do seu negócio;
2. Sou uma pessoa bem preparada para assegurar que os objetivos do conteúdo sejam alcançados;
3. Você não quer fazer vergonha com textos mal escritos, que não educam seus clientes e que não vendem nem um grampo;
4. Você já entendeu como funciona o conteúdo, mas não tem a mínima ideia de como fazê-lo funcionar;
5. Você está nesse exato momento tentando gerar mais resultados em sua empresa e precisa de alguém para lhe ajudar com isso.

Sou eterno pesquisador de técnicas para redação, e nos últimos dois anos, li "toneladas" de páginas sobre marketing de conteúdo, copywriting, redação publicitária, literatura, persuasão, retórica e jornalismo.

Aplico o melhor do que absorvi em cada conteúdo que componho.

Tudo que eu escrevo é totalmente prático e direcionado para você aumentar sua conversão, ampliar sua audiência, sua captura de leads e suas vendas em longo prazo.

O trabalho de um redator profissional não é encher a internet de informações, mas fornecer soluções ricas que conectem marcas aos seus consumidores.

Todo conteúdo que uma empresa decide lançar na web precisa ser redigido com um objetivo, e cabe ao redator profissional cuidar para que isso esteja totalmente alinhado.

Para você que precisa de um conteúdo escrito com qualidade, que realmente faça a diferença na vida do seu cliente, acredito ser o redator profissional mais indicado.

Produzo conteúdo escrito para diversos nichos, em variados formatos e padrões para plataformas digitais.

Entre as empresas que já contaram meu trabalho de redator profissional, posso destacar:

Nova Escola de Marketing, Mentalidade Empreendedora, Rock Content, Contentools, S3Commerce, TextLovers e diversas outras.

Mais coisas que você precisa saber

Conteúdo útil

Se o seu conteúdo não servir como base para os objetivos do negócio e atender as necessidades do usuário, será simplesmente publicação gratuita e desperdício de tempo e dinheiro.

Estou sempre buscando maneiras de tornar o conteúdo útil e o mais relevante possível. Crio diálogos, otimizo plataformas, conto histórias, enfim, escrevo o que é preciso para promover a entrada de consumidores na esfera da sua marca.

Conteúdo escrito profissionalmente

Em um curto passeio pela web, encontramos uma tonelada de textos ruins, escritos por não profissionais.

Sua empresa deve ir na contramão disso, assegurando uma boa produção de conteúdo. É sua imagem que está em jogo e você não quer correr o risco de espantar clientes com conteúdo ruim.

O que falam sobre o meu trabalho de redator profissional

Paulo, estamos trabalhando há pouco tempo e o resultado tem sido muito promissor. Nosso trabalho em conjunto tem me facilitado colocar para fora da minha mente muito conteúdo que tenho. Sua pontualidade tem me permitido também cumprir o cronograma do meu calendário e manter o diálogo com a minha audiência. Parabéns e faço votos de muitos trabalhos frutuosos para nós. – Rafael Berard – Coach

O Paulo é uma das pessoas com mais conhecimento em marketing digital que eu conheço. A facilidade que ele tem em aprender e em ensinar é impressionante. É graças a ele que eu estou no mercado de produção de conteúdo. Se você quer realmente aprender alguma coisa que mude a sua vida, leia e siga esse cara. – Luiz Guilherme de Carvalho – Copywriter

Paulo Maccedo é um ser humano raro. Além da pessoa especial que é, sua humildade e profissionalismo trazem a mim, uma tranquilidade ímpar, pois tudo o que foi produzido pelo Paulo Maccedo até hoje, com toda a certeza, entregou muito valor às Pessoas e à Sociedade! Enfim, tenho a Segurança de Confiar e Afiançar qualquer "Missão" ao meu amigo. – Alessandro Perim – Especialista em inbound marketing

Como vou produzir o seu conteúdo

Para contratar um plano de produção de artigos ou e-books, é preciso que antes seja feita uma entrevista e uma auditoria online. Após a análise da estratégia e dos objetivos de sua empresa com o conteúdo, preparo um briefing com todo o processo.

Este documento fica sujeito à análise. Após as devidas alterações e autorização são marcados prazos para entrega do material, que só deverá ser publicado após a aprovação de cada tema e título.

PS.: *A contratação do serviço de produção só é válida após entrevista com o cliente e disponibilidade de agenda.*

Clique aqui e vamos conversar!

7
Persuasão

"O ideal é encontrar um produtor de conteúdo que entenda um pouco de vendas, alguém que compreenda o objetivo comercial do conteúdo, que tenha paixão por ferramentas online e que seja uma espécie de borboleta social."

(Ann Handley)

Escrever para convencer...

Muitos produtores de conteúdo acabam ficando no raso na hora de escrever textos para a web, abordando assuntos de forma neutra e pouco interessante. Em outros casos, o texto é bom, as informações precisas, os parágrafos bem construídos, mas sempre fica a sensação de que "ainda falta algo". Isso ocorre porque o aspecto comercial do conteúdo não é considerado.

Muitos redatores não sabem, mas não basta apenas passar informação, é preciso construir um diálogo convincente. Todo formato escrito usado em uma estratégia de conteúdo para a web deve ser pensado em vendas. Mesmo que não indique um produto ou serviço de forma direta, é preciso, indiretamente, preparar o leitor para comprar no futuro. Alinhe este capítulo ao anterior.

Aqui, no Brasil, acaba existindo uma diferença entre um redator de conteúdo e um *copywriter*, sendo o primeiro quem escreve para informar e preparar o lead, enquanto o segundo para convencer e vender de forma mais direta. São ofícios distintos, conquanto ambos usem palavras em um texto. O *copywriter* é preparado para persuadir, enquanto o produtor de conteúdo, na maioria dos casos, usa seu talento apenas para "comunicar".

Por conta disso, a persuasão é geralmente dominada pelo profissional de *copywriting*, mas não pela maioria dos redatores. Mas quem disse que tem que ser assim? Se um web writer quiser realmente ser alguém que escreve para o marketing, precisa ter o mínimo (sendo bonzinho) de conhecimento sobre a arte do *copywriting*. Foi o que expliquei no capítulo anterior.

Algumas perguntas sobre persuasão

Você precisa ser convincente em seus artigos e pensar no aspecto comercial do conteúdo. E só se consegue isso se a persuasão entrar em cena. Você sabe como persuadir alguém? Tem facilidade para influenciar outras pessoas? Tem ideia do que significa persuasão, de fato? A persuasão é um elemento imprescindível a qualquer um que precise se comunicar bem e conduzir outras pessoas a ações específicas. Por isso que você, produtor de conteúdo, precisa dominá-la!

Persuasão pode ser entendida como uma estratégia de comunicação em que se utiliza recursos emocionais ou simbólicos para fazer alguém a aceitar uma ideia ou a realizar uma ação específica. Nela, empregam-se argumentos, legítimos ou não, com o objetivo de conseguir que outras pessoas adotem certas linhas de conduta, teorias ou crenças.

Aristóteles dizia algo interessante: "Retórica é a arte de descobrir, em cada caso particular, os meios disponíveis de persuasão". Vale destacar que a persuasão é o oposto de imposição. Essa última se consegue pelo uso da força, enquanto a persuasão, sugerindo através de argumentos. Em outras palavras, a pessoa persuadida age como o outro pretende, mas pelos seus próprios meios, sem ter que vivenciar uma ação repressiva.

Diversos fatores contribuem para a persuasão. Por costume, se recorre ao compromisso das pessoas, convencendo-as de que aquilo que se lhes propõe é o correto. O posicionamento da pessoa que tenta persuadir a outra também é relevante. Se a pessoa em questão é uma autoridade, ou tem certo status e popularidade, suas opiniões tendem a um maior poder de persuasão. É por isso que muitos partidos políticos apostam em celebridades como candidatos ou apoiadores para ganhar as eleições. Por causa da persuasão.

O *Dicionário Aurélio* define persuasão como o ato de levar a crer ou a aceitar, decidir a fazer algo; obrigar a convencer-se, mostrar a conveniência de algo, levar o convencimento ao ânimo de alguém. Desse modo, tem-se a persuasão como uma ação que um indivíduo exerce sobre outro para alcançar um determinado objetivo.

Américo Souza, economista e advogado, diz que a persuasão é o resultado correspondente a um ato sobre o querer "(irracional) e o convencimento," a implicação ou consequência do ato de "convencer (racional)". Mas é bom explicar que irracional, nesse caso, deve ser entendido como uma vontade não baseada pela razão e, racional, em posição contrária, tem a razão como base.

Outros autores também sugerem que persuasão se aproxima significativamente do conceito de influência. Com isso, termos como prestígio, crédito e outros similares podem ser determinantes para que alguém alcance a persuasão mais facilmente. De acordo com Robert B. Cialdini, a maior autoridade mundial no assunto, persuasão é a habilidade de trazer as pessoas para o nosso lado, mudando apenas a maneira como apresentamos nossos argumentos.

Persuadir é uma habilidade essencial na escrita para a web. Se você não está satisfeito com os seus resultados com conteúdo, uma boa dose de persuasão pode te ajudar a resolver esse problema.

Para te convencer sobre isso, basta pensar rapidamente sobre como os grandes empreendedores e milionários do mundo dominam a arte de persuadir. É notório como muitos desses homens bem-sucedidos sabem como influenciar as pessoas de uma forma fácil e magnetizante.

Eles descobriram, conscientemente ou não, o que é persuasão e como usar o poder dela para alcançar objetivos. Hoje, com o avanço da tecnologia e a facilidade da informação, você, profissional de conteúdo pode ter acesso às mesmas técnicas que os grandes do mercado usam, através de livros, cursos, treinamentos e blogs.

Os seis princípios da persuasão

Para quem está adentrando no assunto agora e quer se aperfeiçoar, sugiro começar estudando os seis princípios da persuasão difundidos pelo já citado Robert B. Cialdini, no livro *As Armas da Persuasão*. Para te deixar a par desde já, listo agora quais são eles:

1. Reciprocidade
2. Compromisso e coerência
3. Aprovação social
4. Afeição
5. Autoridade
6. Escassez

Esses pontos formam o alicerce da arte da persuasão e podem deixar qualquer pessoa apta a influenciar qualquer outro indivíduo.

Como persuadir num texto para web

> *"A arte da persuasão ultrapassa todas as outras, e é de muito a melhor, pois ela faz de todas as coisas suas escravas por submissão espontânea."*
>
> (Górgias – filósofo grego)

Você imagina um cliente em potencial lendo o seu texto? O que você faz para que consuma seu conteúdo e clique em algum link? Como já destaquei, muitos produtores de conteúdo são excelentes escritores, mas não conseguem persuadir. Esta é uma dificuldade que eu mesmo já enfrentei.

É preciso encarar o conteúdo com olhar comercial. Tratar leitores web como apenas leitores é um erro. Está aí uma dura verdade que eu precisei engolir em seco: boa parte dos visitantes não está nem aí para seus produtos ou serviços. Eles querem tomar decisões rápidas, sem pensar.

Lógico que isso muda quando o leitor se torna um seguidor fiel e avança nas etapas da jornada de compra. Mas em um todo, o texto para a web precisa ser pensado em conversão (estou batendo muito nesta tecla intencionalmente).

Agora, vamos refletir: como conduzir os visitantes da web à ação, se não consumirem o conteúdo? Vou te explicar como funciona...

Já reparou o quanto as pessoas têm preconceito e/ou receio de falar sobre vendas? Formou-se uma crença de que todo profissional de marketing ou vendas é um safado tentando arrancar o dinheiro alheio. É preciso enxergar da forma certa: isso não passa de crença limitante.

Claro que existem os marqueteiros charlatães, e vez ou outra acabamos nos deparando com um desses "profissionais" que se aproveitam da fé para vender seus "produtos mágicos". Mas achar que todos são safados é cair no erro da generalização.

Os bons produtos foram extintos? Claro que não! Eles também podem ser vendidos através do poder da persuasão. Então, a primeira coisa é deixar de lado esse preconceito, de que vender é ruim.

Entenda: se o produto é bom, as vendas também devem ser. Compartilho de um pensamento de que você tem um produto muito bom, você tem a obrigação moral de vendê-lo. Se você não o vender, estará cometendo um mal. Exagero? As pessoas compram produtos ruins praticamente todos os dias.

Não, não arranje desculpas para não vender um produto que funciona.

Entende agora do porque você não deve descartar o poder da persuasão? Só esse recurso pode tornar sua escrita influente e convincente. Vamos ao passo a passo!

1. Acredite no que você defende

A premissa básica para ser persuasivo e tornar sua escrita poderosa é certificar-se de que você acredita realmente em seus próprios argumentos. Isso é fundamental para o processo de persuasão.

Portanto, se você não acredita profundamente na mensagem a qual está promovendo, analise se a oferta é de fato boa. Se não for, você tem duas opções: torná-la boa ou encontrar outra que seja. Se for ruim, não insista. Não vale a pena.

2. Escreva com foco nos desejos e necessidades da persona

Com sua crença na solução já bem firmada, é hora de estruturar sua mensagem, pensando nos desejos e necessidades da pessoa a qual você pretende convencer. Utilize as motivações de dor e prazer para ajudar as pessoas. Mostre para ao leitor o que perde por não aderir a ideia exposta no texto, e, claro, o que ela ganha, se o fizer.

Procure explorar os benefícios, em vez de tão somente empurrar os produtos ou serviços. Pessoas não compram uma casa simplesmente por comprar, adquirem a segurança, o conforto de estar em um lugar só seu.

3. Não abra mão da honestidade

Ser honesto e coerente é outra regra básica para ser persuasivo. Não se trata de enganar as pessoas, não é ser falso. As pessoas gostam de comprar com quem é verdadeiro, genuíno; no entanto, desconfiam de gente que parece dizer que é o que não é.

A confiança deve ser transmitida pelo emissor da mensagem se sente confortável com o que está sendo dito. O erro de muitos profissionais é tentar modelar a persuasão. Acabam soando incoerentes e pouco convincentes. Não tente ser a pessoa que querem que você seja. Seja original, seja você mesmo. Isso fará enorme diferença na hora de comunicar. Comunique sempre o que está alinhado com sua verdade. Seja honesto em tudo fizer e sua mensagem será poderosa.

4. Comunique-se de forma mais dinâmica

Nem todo mundo pesquisa coisas na web com tranquilidade, como se estivesse caminhando no parque. Por isso, a necessidade de deixar as coisas mais dinâmicas. A abordagem para quem está chegando a seu site precisa ser decisiva. Antes de tudo, atente-se ao seguinte: será que o seu site oferece o que as pessoas estão procurando? Visitantes podem encontrar o que querem, facilmente?

Grande parte dos novos visitantes não querem navegar em torno de seu site por longos minutos para encontrar o produto que procuram. Querem encontrá-lo rapidamente.

No primeiro momento, o visitante decide rapidamente se o seu site e os conteúdos dele são úteis, ou não. Portanto, se as coisas parecem complicadas, com um monte de opções para escolher, eles não hesitarão em fechar e pesquisar em outro lugar.

A visita é a primeira fase do funil. A etapa de atração. Nela você não engajou o usuário ainda. É como se fosse um primeiro encontro. Você precisa conquistar a pessoa. O visitante vai olhar rapidamente antes de decidir se ele está no lugar certo ou não, muitas vezes, só quer tomar uma decisão rápida.

5. Coloque as informações mais importantes primeiro

Coloque as informações mais importantes em primeiro lugar. Escrever para a web é completamente diferente de escrever para impressos. As informações de um texto bom para persuadir leitores, pode seguir a seguinte ordem:

Em primeiro lugar: explique o que você irá discutir no conteúdo.

Em segundo: apresente a visão geral da leitura.

Terceiro: passe sua mensagem de forma devidamente abrangente.

Por fim: conclua e faça a chamada para a ação. O ponto mais importante em texto influente é justamente na conclusão – onde o leitor vai tomar uma decisão!

Em um texto web, você tem que expor os pontos mais importantes em primeiro lugar. Essa é a famosa pirâmide invertida. Em textos de jornais, a informação mais interessante vem primeiro, antes de detalhes e "informações de fundo". Mesmo que você só leia o primeiro parágrafo, você, ainda assim, vai compreender os fatos.

Vamos supor que você esteja procurando um redator profissional para o seu site. Talvez esteja procurando algum que entenda de marketing, então é preciso fazer uma pesquisa mais específica como, por exemplo: "redator de marketing".

Ao obter os resultados no Google, você entra no site desse profissional. A informação mais importante deve ficar visível, facilmente acessível, para que você tenha certeza de que se trata da pessoa certa. A resposta deve vir logo que você acesse o site.

Para os visitantes da web, a informação mais importante é o que você faz. Uma vez que entendam seu trabalho, eles vão buscar alguns detalhes importantes. É a mesma coisa com seus conteúdos. Seus clientes querem saber basicamente: O que você faz e o que você pode fazer por eles. Se você mostrar correta e imediatamente isso, eles vão querer "cavar mais fundo..."

6. Seja criativo, mas não tente parecer "inteligente"

De certa forma me "dói" escrever isso. Aqui está o meu lado escritor querendo me desmentir. A criatividade sempre será bem-vinda, mas tentar parecer inteligente é acabar "espantando" o leitor.

O que quero dizer com isso? Que não funciona tentar aplicar palavras difíceis e orações dignas de um prêmio literário (já e a segunda vez que aconselho isso aqui, porque é, realmente, um ponto importante). O leitor não tem tempo, lembra? Ele tem pressa, por isso palavras simples sempre irão funcionar melhor.

> "Só eu sei o trabalho que me dá empobrecer os meus diálogos."
>
> (Nelson Rodrigues)

Um linguajar inteligente, rebuscado, vai fazer as pessoas pensarem, e na primeira dificuldade de entender a linguagem, provavelmente vão abandonar o conteúdo. Portanto, mantenha o texto para a web tão simples quanto possível.

Se o seu público for apaixonado por literatura, pode ser que um conteúdo rebuscado os agrade. Mas no geral, escreva como você fala, seja simples. Não corra o risco de não ser compreendido.

Também tenha cuidado com piadas e trocadilhos, a menos que você tenha certeza absoluta de que seu público-alvo vai gostar.

7. Seja verdadeiro

Enfim, dedique esforço para ter uma escrita original. Fuja do "mais do mesmo". "Não copie e cole", mas desenvolva sua identidade ao escrever para a web. A verdade é que a escrita persuasiva não é fácil, mas ao estudá-la e dominá-la, as coisas se tornarão mais eficientes. Para fechar, destaco: não tente ser tudo para todos. Saiba quem você é e o que você faz. Com o posicionamento claro, é muito mais fácil de se destacar na web, de ser encontrado e de vender mais.

Agora leia o próximo capítulo para entender como se conduz o leitor a uma ação específica...

8
Call-to-Action

> *"A persuasão aliada a palavras modela a mente dos homens como quiser."*
>
> (Górgias)

O *Call-to-Action* (CTA – ou chamada para ação) é outro elemento essencial em um texto para a web. Tratam-se de palavras e frases escritas para levar o usuário a realizar uma ação específica. Nele, geralmente entram links que direcionam o leitor a um local de conversão, como uma página de captura ou página de vendas. Um artigo para web sem uma boa chamada para ação não gera nada além de rejeição.

No marketing de conteúdo, essa técnica é muito utilizada e se faz presente em todo processo de venda, auxiliando nas etapas do funil de vendas, desde à primeira visita até quando o visitante se torna, de fato, um cliente. Os tipos de CTA variam de página para página e podem ser: links de navegação, compras, formulários de inscrição, entre outros.

Em artigos de blogs, por exemplo, geralmente se aplica CTA no fim do conteúdo, nem que seja para fazer o leitor interagir com a publicação, deixando um comentário.

Se prestarmos atenção, veremos que todos os dias somos impactados por CTA em diversos ambientes físicos:

- "Empurre"
- "Puxe"
- "Sorria, você está sendo filmado"
- "Entre, Ar Condicionado"
- "Siga"

Todos esses sinais existem para indicar o que devemos fazer no contexto ou como interagir com uma determinada coisa. No meio digital não é diferente. Existem diversas ações que desejamos que sejam realizadas, como fazer um cadastro para receber um conteúdo, preencher um formulário, pedir um orçamento, realizar um teste gratuito de produto, acessar um link de artigo no blog etc.

O papel do *Call-to-Action* é o de servir como uma ponte para essas ações. Precisa refletir, em uma única chamada, a proposta em questão. Podemos dizer, então, que um CTA serve para indicar o próximo passo que o visitante do seu site precisa realizar.

Neste capítulo, explorarei o papel do CTA no processo de conversão. Falarei sobre como escrever um bom texto no CTA, onde inserir um CTA no texto e como escolher as melhores palavras para detonar a ação desejada pelo cliente.

Inicialmente, destaco que, para converter, CTA deve ser claro, objetivo e ter uma forte relação com a proposta da mensagem escrita. Você não quer que seu leitor se frustre ao clicar em sua chamada e muito menos que se depare com algo completamente diferente daquilo que foi proposto inicialmente, certo? Claro que não. Sei que parece óbvio, mas ainda vemos muito disso por aí.

Primeiramente, conheça AIDA

Para entender como o CTA colabora no processo de conversão é bom recordar o conceito de AIDA: Atenção, Interesse, Desejo e Ação. De acordo com esse princípio, passamos por diferentes etapas desde quando abrimos uma página ou lemos um anúncio, até o momento em que decidimos agir. Cada uma dessas fases exige cuidados próprios e o seu conteúdo deve ser preparado para atingir os objetivos específicos.

Philip Kotler cita o livro *The Psychology of Selling and Adversiting* (A psicologia da venda e publicidade), de 1925, escrito pelo psicólogo Edward Strong, como o material de origem para a AIDA.

Porém, esse conceito é bem antigo, sendo usado pela primeira vez por St. Elmo Lewis, em 1898. Lewis já utilizava esse método, criando até um slogan: "Atrair atenção, manter o interesse, criar o desejo". O termo "agir" foi incluído mais tarde.

AIDA é frequentemente expressa como um tipo de funil, pois canaliza os sentimentos dos clientes por meio de cada estágio do processo de comunicação em direção a uma venda. O próprio Lewis explicou como esse conceito pode ser usado para garantir que uma mensagem publicitária de resultados:

> A missão de um anúncio é ATRAIR um leitor, de modo que ele vai olhar para o anúncio e começar a lê-lo; em seguida, vai se INTERESSAR por ele e vai continuar a lê-lo; depois, para CONVENCÊ-LO [desejo], de modo que quando ele ler, ele vai acreditar. Se um anúncio publicitário contém estas três qualidades de sucesso, é um anúncio publicitário bem-sucedido.

Captar a atenção do cliente é o primeiro desafio, que pode ser alcançado pelo uso de um slogan atraente, oferecendo um desconto, algo de graça, ou demonstrando como um problema pode ser solucionado. Por isso que, tanto em conteúdos quanto em anúncios e cartas de vendas, a criação de títulos é muito importante, pois é a partir deles que o usuário será atraído para a mensagem contida no texto.

Uma vez capturada a atenção, deve ser convertida em interesse genuíno. Para garantir isso, você deve sempre destacar bem as vantagens do produto em vez de simplesmente listar as características. Muitos empreendedores e profissionais de marketing cometem o erro muito comum de falar dos aspectos descritivos do produto, mas o que realmente gera interesse são os benefícios que oferta proporciona.

Depoimentos e testemunhos podem ser usados para criar o desejo. Por isso os *copywriters* se valem muito da prova social em cartas de vendas, pois declarações reais de pessoas satisfeitas com o produto ou serviço servem como agente motivador e como um elemento de confiança para a pessoa decidir comprar.

Finalmente, a mensagem deve ainda conter elementos que incentivem a compra. Em um anúncio, isso pode estar em um link direto, em uma frase que sirva de CTA, em um botão. A ideia é persuadir o receptor da mensagem a definitivamente adquirir o que está sendo promovido. Veja agora cada parte explicada separadamente:

Atenção

A primeira etapa tem como objetivo o de ganhar a atenção do visitante do site e fazê-lo perceber a oferta que existe ali. Aqui, você deve tomar cuidado com o uso das cores e a posição dos elementos nas páginas do site. Ter um site rápido faz toda a diferença nesse caso, e os seus conteúdos devem ser pensados para assegurar a atenção do leitor também.

Interesse

Uma vez garantida a atenção, é necessário despertar o interesse dos visitantes do seu site. Sendo assim, coloque as informações em destaque, sejam nos títulos, subtítulos ou nos textos de banners.

Mostre para o usuário que o seu negócio tem o que ele procura, e que seu produto ou serviço é algo que vale muito a pena adquirir para si. Os especialistas em anúncios em *AdWords*, por exemplo, sabem que as taxas de conversão aumentam consideravelmente quando a palavra-chave buscada aparece em destaque.

Desejo

Nas etapas anteriores a coisa acontece em um período rápido, mas aqui nesse ponto a coisa pode demorar um pouco mais. Para que o desejo seja conseguido, as informações precisam ser analisadas com mais detalhes pelo visitante. É no "vale do desejo" que ele observa se a oferta é capaz de atender às suas necessidades como consumidor. Indicadores de confiabilidade, como comentários, depoimentos, lista de clientes, formas de garantia, entre outros, costumam ser responsáveis por influenciar positivamente na taxa de conversão de sua mensagem.

Ação

Na etapa final, a ação, você precisa fazer de tudo para não atrapalhar o cliente. Isso mesmo, aqui a responsabilidade é inteiramente sua, para que tudo dê certo. Para que o leitor faça o que você deseja as instruções devem ser claras. Mantendo a mensagem coerente durante o processo e não dando informações complexas, a conversão tende a acontecer.

CTA costuma auxiliar, principalmente nas etapas de Atenção e Interesse – que duram poucos segundos – e na Ação, que muitas vezes é o próprio ato de clicar no CTA.

Teste dos 5 segundos

Existe uma forma bastante simples de identificar se o CTA está chamando a atenção ou não. Trata-se do teste dos 5 segundos. Para usá-lo, chame uma pessoa que ainda não conheça seu blog e peça para olhar a página. Ao final de

5 segundos, minimize o navegador e pergunte à pessoa o que havia na página e o que era possível fazer lá. Se não souber dizer qual era o próximo passo a ser tomado, é bem provável que o CTA usado não esteja funcionando tão bem quanto deveria.

Normalmente, o texto é o elemento que ajuda muito nesta etapa. Por isso, *CTA* no estilo "clique aqui" ou "fale conosco" não são recomendados. Geralmente, não geram interesse e não transmitem o valor da oferta. Lembre-se: o grande objetivo do texto no CTA é fazer com que visitante entenda o que vai acontecer em seguida e se identifique ou se senta seguro com isso.

Veja agora uma série de dicas para você aplicá-las em seus textos e garantir assim mais conversão com o CTA:

1. Pense no que seus leitores estão buscando

Você deve conhecer bem o perfil das pessoas que leem seus conteúdos. Considere: como é que essas pessoas chegaram ao meu conteúdo? Pelas redes sociais? Pelo Google? O que exatamente estão procurando? O que é preciso para convencê-las a tomar uma ação específica? O que eu quero que façam ao terminar a leitura?

É bem provável que você tenha feito uma pesquisa de temas e de palavras-chave antes de produzir o texto. Se você se planejou previamente, estará mais apto a identificar o que seus leitores terão que fazer ao se depararem com um CTA.

2. Seja criativo e específico

Além de persuadir seu leitor mais facilmente, um texto âncora criativo e específico auxilia até mesmo no ranqueamento do seu conteúdo. Mas não exagere. Se as palavras são simples, porém, mais eficazes, seu CTA já cumpriu o papel esperado.

Na verdade, um texto curto e autoexplicativo é o mais indicado para CTA, pois frases longas podem prejudicar a conversão. Uma boa frase ou um verbo de ação com um *hiperlink* pode ser suficiente para gerar o resultado que você deseja. Exemplos: *Baixe seu e-book gratuitamente*; *Acesse agora a aula grátis*; *Seja um assinante Vip*.

3. Apresente uma promessa

Seu *CTA* precisa prometer alguma coisa. Então, toda vez que for produzir o seu, indique um benefício. Lembre-se de que o seu leitor está buscando alguma coisa, e a frase deve indicar que o link tem o que sua audiência busca.

Repare que os 3 exemplos dados anteriormente, ofereciam algo como um e-book gratuito, uma aula grátis e uma assinatura exclusiva. É demais querer que o usuário realize uma ação só porque você, como criador, tem vontade. Ele é quem precisa estar interessado.

Ressalto também que a oferta precisa ser boa, pois não basta caprichar na chamada se o que está por trás deixa a desejar.

4. Aplique gatilhos mentais

Para ser persuasivo, você precisa estudar os gatilhos mentais. Dentre os que existem, há ao menos dois que são poderosos para uma chamada para a ação: gatilho da urgência e gatilho da escassez.

Exemplos como *Compre agora*, *Garanta sua vaga* ou *Receba hoje* costumam gerar ação imediata. É mais provável que uma pessoa clique em uma frase se despertar emoções, e, para isso, o aspecto psicológico deve ser considerado.

5. Utilize números

Dependendo do que você estiver comunicando é muito eficiente aplicar números em seu CTA. Essa é uma forma de evidenciar ao usuário o que receberá ou acessará. Exemplos: *Receba 20% de desconto agora* ou *Compre imediatamente por apenas 17 reais*. Os números ativam a oferta no cérebro do leitor para a oferta em si, agregando valor ao que você já disse antes.

Um detalhe: na frase Obtenha 1000 músicas em seu bolso o apelo é para a quantidade do benefício, por isso a presença dos zeros. Ao contrário de Compre essa camiseta personalizada de 47 por apenas 17 reais, que apela para o desconto, e para que o número pareça menor, dispensa-se o uso da vírgula e dos zeros.

Os especialistas em links patrocinados são exímios criadores de CTA. Eles acabam desenvolvendo essa habilidade porque estão sempre pensando em conversão. O anúncio pode ter uma verba gigantesca de compra de mídia, mas se os títulos e os CTA não forem bons, o trabalho desce pelo ralo.

Comece a observar como os grandes nomes da publicidade online escrevem e se inspire para criar seus CTA. Na própria web, você também encontrará centenas de posts com dicas sobre o assunto. Absorva as melhores ideias. Fazendo isso, seus textos para a web serão mais do que meras fontes de informação, mas conteúdos que convertem.

9
Neuromarketing

"Podemos achar que sabemos o motivo pelo qual fazemos o que fazemos, mas uma inspeção mais minuciosa do cérebro nos diz outra coisa."

(Martim Lindstrom)

Apesar de ser um campo novo, o neuromarketing tem sido utilizado no mundo todo para atrair e conectar clientes às marcas. Cada vez mais, nos deparamos com campanhas de marketing e publicidade que se valem das técnicas da neurociência.

E é a partir da união entre o marketing e a ciência que os neurologistas descobriram que a maior parte de todas as decisões de compra é tomada ao nível do subconsciente, e por isso é importante impactar o inconsciente do consumidor com emoções, memórias e experiências positivas. Assim, o cliente-alvo se lembrará de uma marca ou de um produto mais facilmente na hora de escolher qual adquirir.

O neuromarketing é considerado a chave para o entendimento da lógica de consumo. Para que você compreenda melhor como funciona, e como você pode usá-lo para influenciar a mente de seus leitores, assimile o que apresento neste capítulo. Vamos lá?

A origem de Neuromarketing

O neuromarketing teve origem na Holanda, na Erasmus University, em Roterdã. O termo foi cunhado pelo professor de marketing Ale Smidts, mas foi o doutor Gerald Zaltman, da universidade norte-americana de Harvard, que teve a ideia de usar a ressonância magnética para fins de Marketing. Os estudos da área também foram explorados em Portugal pelo professor Hugo de Almeida, da Universidade de Aveiro.

Mais à frente, uma pesquisa científica no jornal acadêmico Neuron, da Baylor College of Medicine, no Texas, ganhou repercussão ao falar sobre o tema. Para testar a eficácia do neuromarketing, foi proposto um teste com voluntários que teriam que ingerir refrigerantes da Coca-Cola e Pepsi, mas sem saberem qual era a marca.

Ficou comprovado que as declarações verbais de preferência, identificação e respostas cerebrais não eram compatíveis. Quando as pessoas foram perguntadas qual das duas bebidas era melhor, metade respondeu Pepsi. Nesse caso, a ressonância detectou um estímulo na área do cérebro que estava relacionada a recompensas.

Já quando elas conheciam a marca, o número caiu para 25%, e as áreas relativas ao poder cognitivo e à memória agora foram usadas. Ou seja, estavam pensando na marca, em suas lembranças e impressões a respeito. O resultado levou a crer que a preferência dos consumidores tinha relação com a identificação da marca, e não com o sabor. Esta pesquisa serviu para elevar o patamar no neuromarketing, comprovando sua eficácia.

O neuromarketing pesquisa, portanto, o despertar do interesse, o desejo e a até a repulsa de certos elementos para o consumidor. São três os interesses e parâmetros da pesquisa em neuromarketing: Atenção, Engajamento Emocional e Memória.

Roger Dooley, um dos maiores especialistas de neuromarketing, diz algo interessante sobre isso - "Com a dura economia que vivemos, precisamos apresentar maiores resultados com poucos recursos. Nesse caso, apelar para a mente do consumidor é a melhor solução".

Quem não gostaria de entender a mente de seus clientes? Melhor, quem não gostaria de influenciar a mente de seus consumidores? Acredito que todos que sabem que precisam vender. O mesmo se vale para quem trabalha com a produção de textos para a web, seja de forma subjetiva, no caso de conteúdo que visa educar pessoas, quanto de forma mais direta, como no caso do *copywriting*. Aliás, não se pode fazer *copywriting* sem neuromarketing.

Muitos interpretam a influência do neuromarketing como uma forma injusta de marketing, algo antiético e manipulador, mas não é bem isso. Se usado de maneira adequada, os anúncios ficam mais convincentes, os textos mais atraentes, os produtos ficam melhores e os consumidores mais felizes. Isso é o que Dooley propõe no livro *Como Influenciar a Mente do Consumidor*.

Quanto ao local de aplicação do neuromarketing, não existe um padrão para ele. Eu aconselho usá-lo em qualquer canal de comunicação com o consumidor, inclusive, no conteúdo de um site. Neuromarketing é estímulo. Uma escada rolante maior numa loja de departamentos, por exemplo, serve para fazer com que o consumidor permaneça mais tempo e acabe comprando mais. Um elemento mais persuasivo na página influencia no tempo que o visitante permanece navegando em seu blog.

Já reparou que a maioria das marcas de *fast food* utiliza o vermelho em sua identidade visual? Não se trata de coincidência, mas de neuromarketing aplicado. O motivo? A cor vermelha estimula o apetite e faz com que o cliente fique com mais fome e, assim, coma mais.

Fazendo ponte mais uma vez com o ambiente digital, uma *headline* encabeçando o texto, uma simples frase no meio do conteúdo, uma boa chamada para ação no fim, ou uma boa história, geram resultados satisfatórios em seu site, blog, loja virtual e até mesmo nas redes sociais.

O conhecimento em neuromarketing ajuda a criar combinações de palavras de forma mais eficaz e campanhas de comunicação mais centradas nas respostas do cérebro. Quando você se aprofunda e procura pôr em prática, a sua capacidade escrita se torna muito mais precisa.

Entrando na prática, vou compartilhar agora com você algumas táticas de neuromarketing que venho aplicando em minha escrita. Use sem moderação!

1. Imagens à esquerda, textos à direita

É a lógica do sentido anti-horário. A probabilidade de olharmos primeiro para direita e depois para esquerda é muito maior. O que explica isso? Cada lado do cérebro é responsável pelas funções do lado oposto. Ou seja, os objetos à esquerda do nosso campo de visão são processados pelo lado direito do cérebro, enquanto os à direita, pelo lado esquerdo.

O lado direito é melhor em perceber imagens, enquanto o esquerdo em processar números e textos. Conhecer essas informações é essencial para quem vai desenvolver um anúncio, por exemplo, que ficará exposto ao campo de visão do consumidor por poucos segundos.

2. Menos é mais

Isso aqui pode não se aplicar tanto a um conteúdo de um site ou blog, mas cai como luva em redes sociais. Anúncios e posts com poucas palavras e somente uma imagem, surtem bastante efeito. Os usuários das redes costumam se conectar mais facilmente com esse tipo de publicação, porque quando estão nas redes sociais preferem intuitivamente o entretenimento com coisas mais simples.

Quando desejam um maior aprofundamento no assunto, pesquisam conteúdos mais densos em outros canais, como blogs, ou acessam vídeos no *YouTube*. Então, faça bom uso dos 140 caracteres, principalmente no *Twitter*, incluindo, quando convier, uma imagem de boa qualidade que tenha a ver com o assunto.

3. Simplifique o preço

Não, não é baixar o preço, mas comunicá-lo de forma mais simples. A forma como os preços dos produtos ou serviços é informada influencia bastante na decisão do comprador. Pedro Camargo, profissional pioneiro em neuromarketing no Brasil, em entrevista à UOL Economia (2012), explicou que "no caso dos preços, a simplificação é a melhor maneira de atrair a atenção do consumidor".

A forma mais fácil de fazer isso é eliminando os símbolos e as letras ao lado dos números. Por exemplo: Se você escreve R$ 49 ou 49 reais, o produto parecerá mais caro do que se escrever apenas 49. Então, deixe apenas os números.

"Quebrar o preço" é outra forma de fazer com que ele pareça menor. Veja o exemplo: "Apenas 2 reais por dia para você ter o melhor conteúdo em sua plataforma". Nesse caso, o valor final é 60, que parece bem menor quando dividido pelos 30 dias do mês.

4. Conte histórias

Como a maioria das decisões é tomada pelo subconsciente, fica mais fácil conectar uma marca a um consumidor usando histórias. Costumo dizer que o *Storytelling* é um dos melhores gatilhos mentais que existem, pois com ele você consegue trabalhar a emoção sem ser apelativo. (Falarei mais sobre *Storytelling* no próximo capítulo).

Contar histórias é uma tática da qual você pode 'usar e abusar' para influenciar o lado emotivo de seus consumidores. Tenho conseguido bons resultados em artigos em que eu conto uma história, como é o caso do artigo *Como perder o medo de gravar vídeos e destravar seu potencial criativo*. Nele eu conto como venci a dificuldade que tinha de enfrentar as câmeras. No começo e no fim do texto, indico um produto discretamente. E assim, algumas vendas orgânicas são feitas de vez em quando.

5. Abuse da palavra você

O neuromarketing nos leva a entender que o cérebro é egoísta, então toda ação de marketing deve focar diretamente no consumidor. Nesse caso, usar a palavra 'você' pode ajudar muito a criar a percepção de que seus produtos ou serviços foram feitos sob medida para o cliente em potencial. Pelo mesmo motivo, você gerará mais conexão em seu texto para a web quando usar a palavra 'você'.

O que você acha disso? Você acredita que o neuromarketing pode te ajudar a influenciar a mente de seus consumidores? Ou você acha que existem outras táticas de marketing eficiente? Você é quem decide! Percebeu que utilizei a palavra você em todas as frases? Mesmo que você não tenha percebido, seu cérebro se conectou ainda mais ao assunto.

6. "Proporcione prazer, mas foque em curar dores"

O neuromarketing sugere trabalhar a ideia de como o que você vende vai ajudar a "aliviar" uma dor do consumidor. Os bons profissionais de *copywriting* sabem muito bem disso.

Da mesma forma, a mensagem pode promover a geração ou aumento de prazer. Toda venda acontece com base em um desses dois princípios, ou com os dois simultaneamente. Pense muito nisso na hora de aplicar neuromarketing nos conteúdos para a web - "As compras mais caras são as que sanam as maiores dores".

Enfim, textos devidamente persuasivos, com coesão textual, associação semântica, linguagem diferenciada para cada público, apelos com bons CTA, discursos deliberativos, entre outras técnicas de redação, devem ser utilizados na hora de produzir bons textos de marketing e vendas. O neuromarketing ajuda em tudo isso. Se quiser fazer mesmo a diferença em seu trabalho, e no trabalho de seus clientes, comece a escrever com base no neuromarketing.

10
Storytelling

> *"Todo profissional de marketing conta uma história. E se ele faz direito, nós acreditamos."*
>
> (Seth Godin)

Uma história criativa e autêntica é capaz de conectar a emoção das pessoas e inspirá-las à ação de uma forma única. Uma história bem contada é capaz conduzir o destinatário a uma jornada de mudanças e transformações. Por isso que, para sair da zona do "sou" e entrar na do "somos", as empresas precisam contar boas histórias.

A visão humana de mundo se resume na junção de histórias sobre fatos narrados em que se acreditam, e é de nossa natureza compartilhar casos, valores e visões. Isso vai ao encontro da necessidade de pertencer a uma tribo, a um grupo específico.

Storytelling é um método que se vale de narrativas aplicadas em palavras ou recursos audiovisuais para transmitir um conceito. Esse processo tem sido bastante utilizado no marketing como meio de promover uma marca sem vendê-la diretamente. É uma excelente ferramenta para compartilhar conhecimento e atrair pessoas para a marca. Considere como um dos pilares de um bom texto para a web.

Contando histórias na era da informação

O excesso de informação é uma das características da era atual. A publicidade bombardeia diariamente às pessoas com informações espalhadas por diversos tipos de canais. Na internet, por exemplo, o número de conteúdos lançados beira o infinito.

Logo, a "briga" por atenção se intensifica. E como a sociedade acabou criando uma espécie de resistência contra os meios de comunicação tradicionais, as empresas que querem obter êxito em seus mercados, precisam se valer de novas formas de fazer como que suas mensagens cheguem ao público. *Storytelling* é uma delas.

É nesse contexto que a arte de contar histórias ganha relevância, sendo uma maneira eficaz de conseguir a atenção dos consumidores em potencial. A história pode ser da própria empresa, do produto, do serviço ou de qualquer outro elemento relacionado ao negócio em questão. O importante é que seja boa, que crie uma conexão. A narrativa precisa, portanto, mostrar os benefícios que a empresa pode proporcionar ao consumidor.

Esta é uma ótima forma de criar uma aproximação com os clientes em potencial. É assim que *storytelling* deve ser incluído em uma estratégia de marketing.

Atualmente, com o marketing de conteúdo comandando o cenário, *storytelling* é um grande aliado para promover a entrada de clientes na esfera da marca, o que acaba por, consequentemente, formar uma boa fonte de *leads*. E é por isso que você, web writer, deve se aprofundar no assunto.

Preparando a história

Antes de contar uma história, é imprescindível identificar os elementos essenciais que fazem parte dela, bem como a linguagem, o estilo e a abordagem. Uma boa narrativa precisa, basicamente: prender, ser visual, interativa, despertar emoções, apresentar fatos relevantes, promover diálogos realistas, mostrar um personagem com que o público se identifique, além de criar um conflito a ser resolvido no desenvolver da história.

Ter começo, meio e fim, assim como aprendemos na escola, e um bom uso do quem, quando, onde e por quê. Estes são pontos indispensáveis para um bom *storytelling*. Pessoas tendem a absorver melhor as informações quando ela está envolvida neste tipo de estrutura. A essência está em atribuir elementos técnicos e emocionais em um contexto interessante e significativo.

No empreendedorismo digital, por exemplo, as pessoas aprenderam que, ao contar a própria história de superação numa carta de vendas, *Storytelling* já foi aplicado. Isso é apenas uma ponta, e às vezes bem apagada, do que a arte da narrativa pode fazer.

Obviamente, existem critérios universais a serem seguidos para que a coisa flua, mas em questão de forma, o limite é a criatividade. Um *Storytelling* pode ser feito em formato de artigo narrado, um vídeo bem produzido, um infográfico bem direcionado, uma história em quadrinhos, enfim, em qualquer meio relevante em que a mensagem possa ser devidamente difundida.

Falando em distribuição de canais, temos outra ferramenta importante nesta abordagem: o Transmídia *Storytelling*. Trata-se da técnica de contar a história em múltiplas plataformas e formatos. Dentro do contexto de marketing digital é de se valer das atuais tecnologias digitais para 'espalhar a mesma mensagem'.

A ideia é a de explorar o máximo de fontes para conquistar o público de forma segmentada. Os processos de cada mídia a ser utilizada, são projetados de acordo com as características e com o comportamento dos clientes.

Transmídia Storytelling

No campo da comunicação de marca, as táticas de Transmídia *Storytelling* podem ser aplicadas para 'amarrar' o contexto. Trata-se é uma maneira muito elaborada e inteligente de completar uma campanha. Entretanto, é preciso ter o cuidado para não focar tanto na mídia e esquecer o que de fato importa: uma boa história.

Falei da relatividade e de critérios universais quanto à criação de uma boa estratégia de contar histórias. Entre o que não pode faltar, incluo seis elementos essenciais que o britânico Yan Crammer sugere para uma boa história:

1. Personagens

Pessoas, humanos com atributos e limitações, sucessos e fracassos vividos – experiências. Esses personagens precisam ter um lado humano elevado, ou seja, precisam ser mais anti-heróis do que super-heróis.

2. Enredo

Uma boa história para o marketing precisa de uma problemática. Quem sabe um passado aparentemente perfeito que foi tomado por um problema que se tornou forte demais para ser ignorado.

3. Uma sugestão fatal

O que isso quer dizer? Que um *Storytelling* voltado para o marketing precisa mostrar uma visão negativa de quão fatal será o futuro, caso o problema não seja resolvido.

4. Solução

Aqui o problema deve ser resolvido. O segredo ou a chave para salvar o personagem, ou personagens, do suposto problema. Essa chave visa mudar o curso da história e promover um final feliz.

5. Uma visão otimista

Uma visão 'extraordinária' do futuro, caso o segredo seja adotado e a solução seja alcançada.

6. Continuação

A sexta e última etapa deve apresentar um mapa com os próximos passos da jornada rumo à salvação. Em palavras mais exatas, conduz o seu leitor a ter o mesmo futuro glorioso de seu personagem principal.

Todo mundo tem uma história para contar, não é mesmo? Algumas são bem interessantes e possuem um grande potencial de engajamento. A ideia, portanto, é simplesmente usar isso em favor do conteúdo.

Seres humanos são moldados por experiências de vida, tanto pessoais quanto profissionais. No caso de uma estratégia de marketing de conteúdo, é preciso fazer com que a bagagem do emissor da mensagem, o autor ou a própria empresa, chegue ao cliente.

Posso citar alguns exemplos de conteúdos em que o *storytelling* entra em cena. No capítulo anterior, citei um dos artigos do meu blog onde falo da superação de gravar vídeos. Veja como desenvolvi a introdução:

Trabalho com marketing e comunicação há sete anos.

Nesse tempo, já fiz inúmeras coisas relacionadas à criação, escrita, apresentação etc. Já redigi anúncios, notícias e matérias, ministrei palestras, workshops e aulas ao vivo. Nunca liguei de estar à frente falando para as pessoas, mas havia algo que simplesmente me dava muito medo...

Gravar vídeos.

Eu não conseguia falar para câmera, de forma alguma. Lembro-me como se fosse hoje de um dia em que fui escalado pelo meu antigo patrão para cobrir um evento na rua e simplesmente não consegui falar. Quando a câmera era ligada, eu travava, gaguejava, embolava as falas.

Fizemos uma série de takes, mas no fim, decidimos não lançar a matéria porque nada foi aproveitável. Eu não entendia porque isso acontecia, pois não rolava algo parecido quando eu precisava subir num palco e ministrar para um auditório. Era a maldição da câmera ligada.

Qual era o motivo do meu medo?

Acabei descobrindo que existem algumas razões que fazem com que a pessoa tenha medo de gravar vídeos, como o pavor de ser o centro das atenções, o medo da crítica, achar que não tem carisma, a ausência de prática e a falta de controle sobre a própria imagem.

Analisei todos esses motivos. Fui eliminando as opções: não sou do tipo que liga para o que as pessoas dizem, não me incomodo de ser o centro das atenções, não esqueço de não parecer carismático e sou bastante disciplinado.

Então percebi que o problema estava na falta de controle sobre a própria imagem. Era isso que tanto me preocupava.

Antes de definitivamente chegar ao ponto central do artigo, decidi aplicar uma história real de superação. Após essa introdução, fui conduzindo o leitor ao desfecho. No fim do post, quem leu já sabia como eu consegui vencer o medo de gravar, ficou sabendo que três amigos me ajudaram, e também conheceram os métodos que usei para alcançar meus objetivos.

No Viver de Blog, Henrique Carvalho aplica muito bem o *Storytelling* no texto *Sobre quebrar a perna, largar a faculdade e ver meu pai chorar: a jornada de um jovem empreendedor*[5]:

'Você não poderá andar por seis meses...' – disse o médico.

Eu olhei para baixo e não conseguia sentir minha perna direita. O pouco que conseguia ver eram os vários hematomas da cirurgia.

Poderia uma haste de titânio, quatro parafusos e 18 pontos mudar o destino de uma pessoa?

Eu sempre fui apaixonado por futebol.

Cresci jogando bola nos finais de semana com meu pai, irmão e primos.

Esse era o momento mais aguardado da semana. O momento que fica registrado na memória como "a felicidade da infância e adolescência".

E pensar que nesse longo caminho chamado vida eu estaria caído em um gramado, com a perna direita quebrada, sem poder nem me sustentar em pé...

Diga-me se um texto como esse não gera atenção imediata no leitor? Ficamos com vontade de continuar para saber o que aconteceu. Pois é, trata-se do poder de uma boa narrativa. E é por isso eu aconselho que você aprenda tudo sobre *Storytelling*.

---

5   http://viverdeblog.com/jovem-empreendedor

11
Edição

"Todos precisam de um editor, até mesmo os escritores mais incríveis."

(Ann Handley e C.C Chapman – Regras de Conteúdo)

Editor é aquele ou aquilo que edita. O verbo editar, por sua vez, refere-se ao ato de publicar uma obra através de algum suporte ou de corrigir e adaptar uma obra de acordo com certas regras e normas. Um editor, por conseguinte, pode ser uma pessoa que se dedica a publicar um jornal, uma revista, um livro, blog etc., por meio de ferramentas e procedimentos com a intenção de multiplicar os exemplares.

O que é um editor de conteúdo?

Um editor de conteúdo web é o profissional responsável por garantir a qualidade das publicações online. Se um redator aprende a pensar como um editor, torna-se um profissional mais completo e, consequentemente, mais solicitado. Se um redator não tem habilidade ou não dispõe de tempo para editar seus próprios textos, é sempre bom contar com um editor profissional para garantir a qualidade do conteúdo.

Uma das funções específicas da edição é a de analisar conteúdos para adequá-los à linha editorial, o estilo do canal (site ou blog), conferindo aperfeiçoamento de elementos como gramática, linguagem, tom de voz, linkagem, otimização e assertividade.

O editor de conteúdo seleciona os trabalhos que serão publicados, auxiliando no design da publicação e também lida com outros assuntos relacionados ao formato do conteúdo. Precisa analisar os artigos e outros formatos sempre de forma crítica. Sendo também um leitor voraz, precisa desenvolver um olho clínico para uma boa escrita, pontuação e sintaxe, assim como a noção de fluência do texto.

No caso do marketing de conteúdo, é necessário verificar se o conteúdo está de acordo com a estratégia, se tem objetivos claros, se o assunto tratado vai ao encontro da necessidade do público-alvo, se está preparado para a conversão, entre outros aspectos.

A profissão de editor de conteúdo web está no ápice de seu desenvolvimento, principalmente por conta da difusão do marketing de conteúdo. O trabalho de edição se torna cada vez mais imprescindível para o universo digital, por prover a web sites, blogs corporativos e a outros ambientes específicos, a relevância necessária da mensagem.

Dentro de uma empresa o editor de conteúdo pode ser o responsável pelo conteúdo de sites, blogs, portais e outros canais online; ele cuida da linha editorial e, por vezes, cria temas, títulos, tags e categorias. Coordena postagens nas mídias sociais e *press releases*, a distribuição de conteúdo através de mídias patrocinadas, atua em parceria com a equipe de marketing e trabalha com diferentes abordagens.

Quem deve ser o editor de conteúdo?

Bem, a resposta à questão é bem ampla: qualquer profissional do time de marketing ou de outra equipe, inclusive o redator. Como o conteúdo da empresa pode ser peculiar e técnico, o editor não precisa exatamente ser um profissional de comunicação. Basta atender aos requisitos a partir da experiência com a área de atuação da empresa.

Destaco que, quanto maior for sua qualificação profissional e afinidade com a função de edição, mais qualidade tende a ter o seu processo e a produção, e mais você poderá cobrar pela entrega. No fim, o que importa mesmo são os resultados que você assegura na estratégia.

Profissionais de comunicação, de criação e estratégia podem, tranquilamente, cumprir a função de editor. Jornalistas, comunicadores, publicitários, redatores freelancers, analistas de marketing, técnicos em TI também são aptos ao ofício, desde que conheçam os processos de conteúdo para web e assegurem resultados satisfatórios.

Em alguns contextos de negócio, o editor de conteúdo acaba sendo o mesmo que um *publisher*. O conceito de *publisher* é variado, mas analisando pelo que é feito nos EUA, o *virtual publisher* é o profissional responsável por publicações na internet. Ou seja, é um editor.

É importante destacar que atualmente existem dois modelos de *publisher*: o europeu e o americano. O americano se caracteriza por ser um profissional versátil, que precisa saber lidar com uma demanda diversificada tanto da área editorial, quanto da parte comercial. Já o modelo europeu tem funções bem definidas, restringindo-se apenas à própria publicação. No Brasil, o modelo americano é o mais usado, no entanto, pouco a pouco, o segundo vem ganhando espaço.

Vivemos em uma época onde os anúncios de tevê são ignorados, a mala direta não recebe mais atenção e até mesmo as propagandas online são bloqueadas. O ambiente tem mostrado que a única forma de fazer chegar uma mensagem relevante aos clientes é por meio do conteúdo. Por isso, muitas empresas estão se esforçando para capturar a atenção do cliente dessa forma.

Isso tem causado uma grande explosão de formatos, como artigos, posts em redes sociais, vídeos, *slideshares*, *podcasts* e toda forma de conteúdo que as pessoas possam consumir de forma voluntária. Só que, infelizmente, a maioria do conteúdo lançado deixa a desejar.

Por que um leitor não se interessa por seu conteúdo?

É decepcionante para um leitor se deparar com textos que não saem do nível da mediocridade, que, de forma alguma, cria conscientização de marca e que forçosamente quer vender de qualquer jeito. E é por isso que as taxas de rejeição são muito grandes na maioria dos blogs.

Manchetes atrativas e posts rápidos podem realmente gerar visitas ou links compartilhados, mas se você não caminhar para conquistar o coração e a mente de seus potenciais clientes com um bom conteúdo, não hesitarão em abandonar seus textos depois de um ou dois parágrafos.

Milhões de materiais são criados a cada dia, porém mais da metade de tais conteúdos de um site não costumam ser utilizados pelo usuário. Ou seja, tornam-se publicações gratuitas, que não convertem em um clique sequer. Isso prova que o marketing de conteúdo como conhecemos tem enfatizado bastante a produção de um grande volume de formatos, sem focar, no entanto, no que as pessoas realmente querem consumir.

Seus usuários formam o seu público-alvo. São os consumidores, membros, leitores, fãs ou qualquer outra pessoa que você queira conquistar por meios online. Você precisa saber o que desejam. Você pode até achar que sabe o que eles querem, mas, na maioria das vezes, as afirmações são vazias e especulativas.

Embora empresários, empreendedores, diretores de marketing e comunicadores conheçam bem o produto ou serviço, e exista certa interação diariamente com a audiência, nem sempre se cria um conteúdo pensando no público.

A verdade é que as pessoas, na atualidade, andam distraídas, possuem pensamentos acelerados, – o que é motivado também pelo fato de a publicidade ser muito intensa, com propagandas de diversas empresas incidindo ao mesmo tempo.

Consequentemente, a audiência está menos atenta, pronta para se desconectar do conteúdo, deixando o site e fechando as abas do blog a qualquer momento. E é por isso que, se o conteúdo não atender o que elas querem, te deixarão rapidamente.

A importância real do editor

É preciso, portanto, planejar bem o seu conteúdo, produzi-lo com criatividade, mas, devido à minha experiência de quatro anos envolvido com estratégias, tenho visto que a edição é a grande responsável pelo sucesso com o conteúdo. Editar quer dizer, acima de tudo, descartar o que não presta. Um editor é quem passa a tesoura naquilo que não é necessário. É preciso deixar apenas as informações úteis. Nada de "encher linguiça", pois a objetividade é o caminho.

É a edição que dá forma e função ao conteúdo para a web. Quando usamos termos como 'editor', somos remetidos a uma gama ampla de funções, o que é verdade. Eu, por exemplo, sou responsável por todo o processo de conteúdo, desde as mais simples descrições até a divulgação de formatos em vídeos de diversas empresas.

Mas, mesmo que você não faça um trabalho parecido e seja apenas um redator – o que, em si, já é fantástico –, meu conselho é que você deve começar a pensar como um editor. Isso fará com que seus escritos tenham diferenciais, e sejam cada vez mais amados por seus clientes e leitores.

Certa vez, um dos meus principais clientes pediu que eu indicasse uma redatora para compor o time de um projeto sobre emagrecimento e saúde. Enviei um contato de uma colega de profissão que tinha entre seus diferenciais, a experiência com a edição de conteúdo impresso.

Meu cliente me fez a seguinte pergunta: - "Qual a diferença entre um redator e um editor?". Após explicar, ele se sentiu muito mais seguro em confiar suas redações nas mãos de uma profissional com habilidades de edição. O mesmo pode acontecer com você. Seja você o responsável por contratar ou o contratado.

Listo agora algumas funções exercidas por editores de conteúdo, de acordo com cada projeto:

1. Pesquisar formas de conteúdo

Um editor de conteúdo se envolve com a produção de dados, informações, vídeos, imagens e outros formatos multimídia que podem ou não ser relacionados ao texto, tornando-o mais atrativo ao leitor.

2. Revisar os conteúdos

A revisão é uma das funções mais importantes de uma edição de conteúdo. Pois, trabalhos produzidos por terceiros precisam ser analisados antes da publicação, para evitar erros de gramática, grafia, pontuação, formato, estética e qualquer outro elemento que influencie no resultado final.

3. Compartilhar conteúdo

Dependendo do projeto, um editor de conteúdo também é o responsável pela divulgação e compartilhamento do conteúdo nas principais redes sociais como *Twitter*, *Facebook*, *Linkedin* e *Instagram*. Fora agregadores de blogs e artigos e demais canais que permitam uma maior amplitude do que foi lançado.

4. Administrar sites e blogs

Para atuar na web, empresas precisam atualizar constantemente suas plataformas, principalmente o blog corporativo. Para isso, o editor deve estar atento ao que deve ser atualizado e fazer isso com frequência. Postar artigos e conferir o SEO de um conteúdo também está relacionado à função.

5. Apresentações e consultoria

Há clientes que preferem gerenciar alguns aspectos por conta própria. Nesse contexto, o editor, por ser uma pessoa devidamente qualificada, pode fornecer consultoria e criar apresentações detalhadas do conteúdo que será lançado e administrado.

Quando se trata de implementar uma nova iniciativa na web, você, redator, que tenha expertise em edição, pode ter a oportunidade de ajudar a definir a estratégia. Isso, além de agregar muito valor ao trabalho final do cliente, permite que você possa cobrar mais pelos seus serviços prestados. Você também pode escolher exercer apenas a função de editor, entrando com um trabalho estratégico e complementar num fluxo de conteúdo. Para fechar, destaco mais uma citação que sintetiza o valor da edição:

> *"Conteúdo na web é vivo. Está em constante mutação e evolução. Sempre moldado e reformado por curadores, criadores, revisores e usuários. Prepare seu conteúdo de forma cuidadosa e ele terá uma vida online mais longa e feliz."*
>
> (Kristina Halvorson)

12
Tamanho é documento

"Se você está anunciando um produto que tem muitas e diferentes qualidades, escreva um texto longo. Quanto mais você diz, mais você vende."

(David Ogilvy, Confissões de um publicitário)

Você sabe qual o tamanho do conteúdo que você precisa produzir?

Certa vez, deparei-me com uma grande informação em uma postagem feita por um amigo no *Facebook*. Era um texto com uma imagem, mostrando dados impossíveis de ser ignorados. A mensagem dizia: "conteúdos maiores são mais propícios a serem compartilhados". A informação foi difundida pela empresa Hootsuíte, plataforma de gestão de mídias sociais.

Em pesquisa feita com mais de 100 milhões, não 10 mil, de publicações em blogs, ficou provado que os "grandões" se destacam mais que os menores. O resultado foi surpreendente para muita gente, inclusive para mim.

O estudo dizia que textos mais curtos, de até 1.000 palavras, têm aproximadamente metade dos compartilhamentos dos textos acima de 10.000 palavras. Sim, dez mil palavras. Escrevi por extenso para você ter certeza. Isso deixa muitos produtores de conteúdo – inclusive a mim – com a cara no chão.

A Hubspot analisou 6.192 artigos publicados no blog de uma empresa e descobriu que posts com mais de 2.000 palavras conquistaram mais tráfego orgânico, compartilhamentos nas redes sociais e links externos.

Neil Patel comprovou em seu blog que posts com mais de 1.500 palavras recebem 68% mais tweets e 22% mais curtidas no *Facebook* do que artigos com menos de 1.500 palavras.

Há algum tempo, por questões de SEO, tenho aconselhado meus clientes sobre a importância de não se produzir artigos muito curtos, como de 300, 400 e 500 palavras. Mas não é importante só aumentar o número de palavras; a relevância do conteúdo ainda é determinante. Fatos novos e informações úteis estão entre as características das publicações de maior alcance. Ou seja, não basta apenas escrever muito, é necessário também escrever algo com qualidade aos olhos do usuário.

Portanto, quanto maior o conteúdo produzido e quanto mais valor gerar, mais chances tem de alcançar pessoas e de ser compartilhado. Claro que isso pode variar de acordo com o nicho e o perfil do público-alvo a que você atende. Mas, no geral, conteúdos maiores e mais profundos geram mais resultados. E quando falo em resultados, me refiro a tráfego, engajamento e conversão.

Desde que a internet e a profusão de blogs ganharam força, alimenta-se a ideia de que posts muito longos não são lidos pelos internautas, que preferem informações curtas e rápidas. Vou revelar agora para você qual é a minha teoria em relação a isso.

Quem deseja algo, não mede esforços para ler conteúdos longos. Afinal, pessoas estão querendo consumir, seja comprar um produto ou absorver mais informações sobre determinado assunto. Então, boa parte dos leitores, se estiverem engajados, se conectarão facilmente ao conteúdo maior, se for preparado com carinho e atenção.

Há pessoas que preferem produzir vários conteúdos menores, para existir mais páginas e, portanto, maior otimização. E, isso funciona? Sim, porém como a pesquisa da Hootsuíte mostrou, o conteúdo fica menos propenso a alcançar pessoas e a ser compartilhado.

Há algum tempo, fiz uma série de conteúdos falando sobre marketing de afiliados. Era uma sequência de três artigos destrinchando táticas de conteúdo para quem trabalha com afiliação. O primeiro ficou com mais de 3.000 palavras. Apliquei bastante informação, escrevi com a mentalidade de gerar valor através daquele artigo.

O resultado foi satisfatório. Além de ter gerado mais de 100 *leads* organicamente no *Facebook*, o post teve um número expressivo de comentários e compartilhamentos e, no fim, me ajudou a fechar dois contratos. Tenho certeza que se tivesse feito uma notinha de 400 palavras, não teria chegado a esses números.

Tive a certeza, mais uma vez, de que quanto mais você escrever, mais chances tem de converter. Mas é importante ressaltar um problema enfrentado por alguns blogueiros em relação aos textos longos: o conteúdo acaba se tornando cansativo. Por isso é preciso ser muito criterioso, apresentando certo dinamismo e uma boa dose de coesão e criatividade.

Caso contrário, os artigos terão milhares de palavras e dezenas de parágrafos, mas farão com que as pessoas desistam de ler nas primeiras linhas. Diante disso, tentando não ser contraditório, prefiro um post de 500 palavras com foco no assunto, do que um megapost com 3.000 palavras que não diz coisa com coisa, ou que demora a mostrar o motivo pelo qual foi escrito.

Na hora de criar um conteúdo longo, procure sempre trabalhar com uma divisão dinâmica dos parágrafos do artigo. Apresente claramente o que cada tópico trata através dos subtítulos. Use negrito para destacar algumas palavras. E quebre o texto em vários intertítulos.

Essas são algumas das técnicas usadas para tornar o texto escaneável. Esses elementos ajudarão um leitor mais apressado que poderá passar os olhos no corpo do conteúdo e encontrar as informações mais convenientes. *Bullet points* e listas numéricas também ajudam nesse sentido.

Enfim, produza posts maiores, pois apresentam mais chances de conversão. Mas que fique claro: devem mesmo ser bons, com essência, que ajudem os consumidores com algum problema, e que não sejam apenas aglomerados de palavras. Conteúdos maiores exigirão, obviamente, um maior investimento de tempo e até dinheiro, mas aumentam suas oportunidades de negócios.

Para escrever conteúdo para web, que seja de fato eficiente, um redator precisa se preocupar em assumir a responsabilidade de ajudar leitores online, encontrar a informação ideal e produzir um formato escrito com o máximo de relevância. Entendendo e praticando isso, seu post longo será mais bem aceito pelos leitores de plantão.

No que se refere à otimização, um texto muito curto nunca é o mais indicado. O tamanho deve ser preciso para transmitir bem a ideia, explorar os elementos mais importantes do assunto e levar a informação de forma mais completa. Por isso, mesmo se atentando ao tamanho, faça um texto com profundidade, espalhando as palavras-chave com criatividade e sabedoria.

Muitos profissionais, principalmente os iniciantes, acreditam que a quantidade de termos de busca dentro de um texto conquista mais os motores de busca, mas, hoje em dia, quem manda é a já citada relevância. Seu texto pode até ter milhões de palavras-chave, mas sem elegância e coesão, e sem um domínio de site com autoridade, a coisa fica forçada e o seu blog não se destaca.

O fator mais importante para garantir excelentes resultados com o conteúdo não é o SEO, nem a divulgação nas mídias sociais, nem uma estratégia caríssima de publicidade. Se há um elemento imprescindível para o sucesso de seu post é a autoridade. O que seria esta autoridade? Infelizmente, não existe uma fórmula pronta. Infelizmente, não existe uma fórmula para atingir tal objetivo.

Alguns profissionais de SEO se referem à autoridade como a otimização de um site na web, a presença no *social media* e a própria geração de *leads*. Eu, porém, penso que esses aspectos funcionarão para gerar autoridade apenas quando estiverem alinhados ao conteúdo da mensagem que sua marca transmite ao público e aos concorrentes.

Houve um tempo em que era relativamente fácil gerar autoridade com uma estratégia simples de SEO. Chegar ao topo do Google, por exemplo, era uma forma precisa de se medir a autoridade. Porém, hoje em dia, a criação da autoridade para uma empresa na internet só é possível através de um conjunto de táticas que funcionam em longo prazo, focadas na qualidade do conteúdo.

Então, a ideia é escrever artigos maiores que contenham SEO, mas que na verdade, ajudem o consumidor com algo, e que sejam úteis e agradáveis. Essa sim é uma excelente maneira de aumentar a autoridade de sua marca. Expor assuntos com maior desenvolvimento, tratar de temas com grande importância, enfim, se comunicar de forma pontual.

A missão do conteúdo na web é a de entregar informação original, útil e prática. O artigo deve funcionar como um diálogo entre a empresa e o cliente. Partindo desse princípio, cada post deve apresentar soluções, resolver um ou mais problemas, engajar, conectar, formar opinião, gerar autoridade. Nesse caso, "mais é mais".

13
Hard Content

"Aquele que tem o conteúdo mais atraente, vence, pois o contato frequente e regular constrói uma relação que oferece várias oportunidades para a conversão."

(Joe Pulizzi)

O que você pensaria se eu dissesse para você que é possível elevar os resultados do seu blog em tráfego e conversão em mais de 50% com apenas um artigo? Sim, um artigo apenas. Achou interessante? É isso que tenho conseguido garantir em meu empreendimento e nos de meus clientes.

Não, não ache que seja algo mirabolante ou complicado. É conteúdo, pensado estrategicamente e produzido com o máximo de energia, zelo e criatividade. Neste capítulo, eu vou mostrar para você como produzir estes artigos e como podem gerar muito valor para seu negócio e para os seus visitantes do seu site. Mas antes de você continuar a leitura, deixe-me fazer três perguntas:

- Como você enxerga a missão do conteúdo em seu blog?
- Existe alguma preocupação de sua parte quanto à qualidade e relevância do que você publica?
- Você escreve com planejamento ou produz a esmo, somente quando tem vontade?

Se você vem fazendo como a maioria dos donos de sites, que publicam conteúdo sem objetivos definidos, sinto dizer que seu esforço continuará sendo inútil. Lembre-se de que conteúdo que não converte, não passa de publicação gratuita. Tenha clareza sobre as questões citadas acima e você já estará a meio caminho de conseguir alcançar seus objetivos.

Dito isso, posso entrar definitivamente no assunto que quero explorar aqui.

Hard Content é um conteúdo de grande valor capaz de aumentar suas conversões consideravelmente. Como o mercado está congestionado com conteúdo, você precisa demonstrar vantagem competitiva diante da concorrência, e escrever esses mega-artigos é uma das formas de conseguir isso.

Afinal, ajudam a estabelecer traços que mostrem como o seu blog está à frente, o que você sabe e o que ninguém mais consegue fazer, aquilo que é só seu etc. Quando falo em *Hard Content*, quero dizer produzir um artigo longo, com informações, *insights* e dados para mostrar coisas específicas às pessoas. Aplique técnicas para maximizar as conversões e aumentar as vendas, e está pronta a receita.

Não é um post com um punhado de caracteres e palavras escritas no final de uma tarde de domingo. Cada detalhe de um *Hard Content* é planejado meticulosamente para causar impacto no leitor. A ideia é levar o usuário a fazer o que você deseja por meio de todas as informações que você incluiu no conteúdo.

Boa parte dos leitores retorna ao conteúdo original se for diferenciado; por isso, você deve se esforçar para que seu conteúdo seja atraente e original. *Hard Content* proporciona isso.

Por que utilizar Hard Content?

Mas, vem a pergunta: como *Hard Content* potencializa os resultados de um blog na prática?

> – Paulo, você viu seus rankings no Google melhorarem ao passar a produzir conteúdos maiores, com mais palavras? Estou aplicando esta técnica em meu site e em breve compartilho aqui os resultados.
> – Vi, sim, amigo! Os conteúdos maiores do blog parecem sempre ranquear melhor que os menores. Ficarei feliz em saber de seus resultados. Compartilhe conosco, sim.
> – Paulo, já estou vendo um crescimento de rankings nas páginas que fiz a atualização e o aumento no tamanho do conteúdo. Se o crescimento persistir, colocarei o gráfico aqui nos comentários.

O diálogo acima aconteceu em um artigo do meu blog, abaixo de um texto em que eu justamente falava sobre *Hard Content*. Um leitor decidiu testá-lo em seu blog e aumentou seus resultados no ranqueamento do Google. Esse é outro motivo para você postar nesse estilo de conteúdo.

Trabalhando com este formato, eu crio uma espécie de "artigo guarda-chuva", um conteúdo fixo onde existem saídas para outros conteúdos, *landing pages* e produtos. Ele também costuma conter um bom número de parágrafos úteis e relevantes para os visitantes e seguidores dos blogs onde eu publico.

Outra característica é que é altamente otimizado, ou seja, pensado para o SEO. O que significa que contém palavras-chave encaixadas para possibilitar a indexação nos motores de busca, como o Google, Bing e Yahoo!.

Para você entender melhor, pense em um assunto principal de blog: emagrecimento? Marketing Digital? Conversão? *Coaching*? Viagens? Artesanato? Agora pense num artigo de 3.000 a 4.000 palavras expondo um assunto específico desses temas.

Um conteúdo bem escrito com informações úteis para sua persona, que dê respostas para algumas de suas questões, que alimente suas expectativas e conscientize sobre a solução que você oferece; que mostre uma estratégia que você aplicou e gerou resultado; que contenha gráficos, prints e que provem que você sabe o que está falando.

Conseguiu visualizar?

Imagine também que nesse mesmo artigo existam diversos links para subtemas do assunto central. Por exemplo, se é marketing digital, mas você é especialista em tráfego, o artigo pode conter links para outros posts que você escreveu sobre geração de visitas, links patrocinados, publicidade online etc..

O contrário também funciona. Ou seja, direcionar links de outros artigos menores do site para este, o que irá torná-lo mais relevante e com mais autoridade. Aliás, essa é uma prática fundamental. Quanto mais links relevantes apontarem para o seu conteúdo, mais possibilidades de ranquear ele tem.

As vantagens de se produzir um Hard Content

Maior potencial de otimização

Google utiliza como critério o tamanho do artigo, juntamente com a aplicação das palavras-chave e da relevância do tema para ranquear os conteúdos dos sites. Explorando bastante os termos relacionados ao seu negócio no *Hard Content*, com certeza, você aumentará os resultados de ranqueamento e de tráfego, além de proporcionar uma melhor experiência para os seus leitores.

O assunto em si será bem destrinchado e o seu blog ficará mais bem posicionado nos resultados das pesquisas realizadas pelo usuário. Mesmo que não tenha todas as respostas, será um conteúdo para gerar multiresultados para você e seu negócio.

Maiores chances de conversão

Em alguns momentos no artigo você pode acrescentar CTAs e links que levem até às páginas de captura, nas quais o leitor poderá se cadastrar. Você pode promover ofertas de conteúdo para download (e-book, por exemplo) e até linkar seus produtos ou os produtos de afiliados.

Nesse caso, a linguagem pode ser mais persuasiva e você pode se valer de técnicas de *copywriting* (escrita persuasiva) para levar o cliente a uma ação. Utilizando gatilhos mentais e CTAs em locais estratégicos, não apenas no fim, seu potencial de conversão será elevado e você poderá aumentar o seu número de *leads* ou gerenciar os membros da sua lista que se engajem com o artigo.

Outro exemplo são os conteúdos mais formais, que podem explicar o panorama de sua área de atuação. Essa é uma ótima forma de explicar o propósito de seu trabalho para sua audiência. Você pode escrever um artigo híbrido, institucional/persuasivo, que informe e eduque seus clientes em potencial sobre sua empresa e sobre o mercado de atuação. Essas são algumas ideias.

Maior engajamento

Já se pregou muito aqui que não era o tamanho do post que convertia, mas sim, a profundidade, mesmo que o artigo fosse curto. No entanto, como eu expliquei no capítulo anterior, os posts maiores convertem mais. Desde o dia em que obtive essa informação, comecei a escrever artigos estratégicos maiores e, confirmando a teoria, elevei meus resultados.

Tal fato me fez enxergar que o padrão de formatos de artigos para blog ainda praticado por agências está ficando para trás. Não que escrever artigos de 500 a 600 palavras tenha se tornado inútil, mas, por vezes, será preciso "falar mais" para o leitor engajado, principalmente quando já avançou na jornada de compra.

Muitos produtores de conteúdo não costumam produzir conteúdos maiores, mas são extremamente importantes para uma estratégia de marketing de conteúdo. Dentro desse princípio, e seguindo a ideia de tornar o editorial de blogs algo mais interessante, comecei a testar a ideia de fazer um artigo longo para otimizar a estratégia de conteúdo. Para você entender melhor, vou apresentar alguns casos de sucesso com o uso desse formato.

Cases de sucesso

Inbound Marketing

Há cerca de dois anos, redigi um artigo longo de 3.000 palavras com uma pegada *Hard Content* para uma empresa de marketing digital (não posso revelar o nome por questões contratuais). Tempos depois, soube que esse conteúdo era responsável por grande parte do tráfego orgânico e do engajamento no blog!

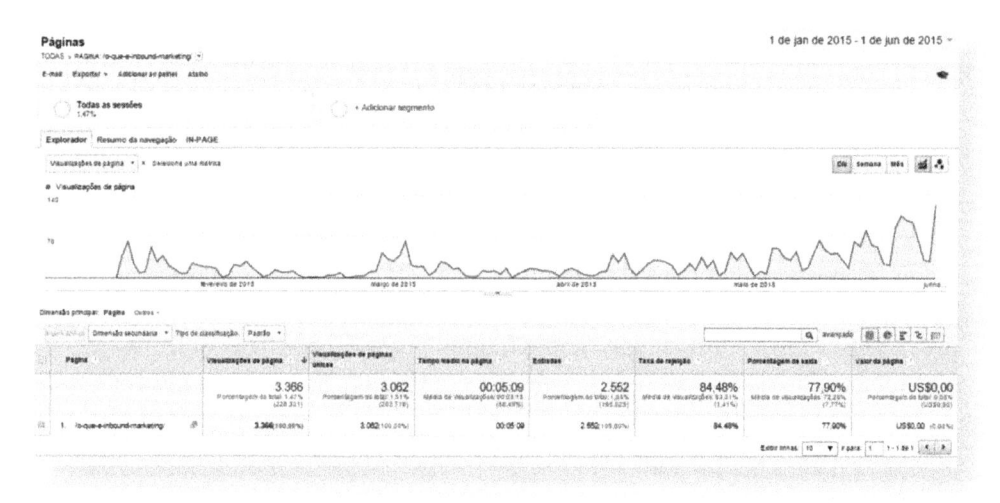

E por que isso ocorre? Esse conteúdo contém links vindos de outros materiais complementares e está sendo constantemente atualizado com informações mais recentes. Sem contar também que a palavra-chave principal é fortíssima e foi bem trabalhada no conteúdo, ou seja, foi colocada em pontos estratégicos, como nos títulos, introdução, em intertítulos e em outras partes do corpo do texto.

De tempos em tempos, a equipe de gestão do blog relança o artigo. Essa é uma tática testada e aprovada que pode aumentar os resultados nos motores de busca.

Mentalidade Empreendedora

Em uma das empresas em que sou responsável pela estratégia de conteúdo, a Mentalidade Empreendedora, começamos a praticar isso de forma mais recorrente, usando *Hard Content* para diversos temas. Por exemplo, temos um post falando sobre como ganhar dinheiro na internet, que é um verdadeiro guia para quem está desejando empreender na web.

> **Como Ganhar Dinheiro Na Internet: 21 Maneiras Infalíveis**
>
> Você está cansado da rotina de trabalho padrão e está buscando novas formas de ganhar dinheiro? Quer saber
>
> CONTINUE LENDO →

Na ocasião, indexamos os principais artigos, ferramentas e produtos que o leitor pode acessar para entender melhor do assunto. A abordagem é em formato de guia. O artigo se mantém nas primeiras páginas do Google há vários anos. Recentemente, alcançou o primeiro lugar nas buscas orgânicas.

O blog tem outros artigos, que se mantêm na primeira página do Google há dois anos, sempre disputando o primeiro lugar do ranking. Algumas palavras-chave, como empreendedorismo digital, mastermind, mindset empreendedor, entre outras, são amplas, bem disputadas, mas como os artigos são compostos no conceito de conteúdo evergreen[6], têm gerado muitos resultados em tráfego e conversão.

Paulo Maccedo

No meu próprio blog, toda a estratégia é baseada em posts longos, conceituais e perenes. Nesses artigos, costumo expor um panorama geral sobre o tema abordado, fornecendo o máximo de dicas e informações que considero relevantes. Aplico técnicas de escrita persuasiva para que o conteúdo fique mais atrativo e incluo uma série de links estratégicos.

Por exemplo, tenho um artigo completo falando sobre a *leadlovers*. É um texto com estrutura de análise – ou seja, *review* –, no qual cito as principais usabilidades e vantagens de usar a ferramenta de e-mails em uma estratégica de marketing digital.

> **Lead Lovers: atrair, automatizar e amar! - Paulo Maccedo**
> www.paulomaccedo.com/lead-lovers-atrair-automatizar-e-amar/ ▼
> 1 de abr de 2017 - Foi então que, por indicação, conheci a Lead Lovers. Fazendo jus ao nome, foi amor à primeira vista! Vi que implementar uma automação em ...

---

6   Conteúdo evergreen é um tipo de conteúdo perene, atemporal, ou seja, que se mantém atual mesmo anos depois de ter sido publicado.

Com ele, entrei na "guerra dos blogueiros" que promovem a ferramenta como afiliados. Ele fica entre a primeira e terceira página e sempre me traz alguma venda orgânica.

Apresentei três dos muitos casos de sucesso que tenho conseguido junto às equipes de conteúdo das empresas para as quais presto serviço como produtor de conteúdo. Assim como esses blogs estão alavancando suas estratégias, você também pode fazer isso pelos seus projetos e os de eventuais clientes!

Como produzir Hard Content para o seu blog

Para que seu *Hard Content* obtenha sucesso é preciso fazer um bom planejamento. Como destaquei anteriormente, criar e publicar conteúdos a esmo é um erro. Quando falamos de negócios, não se pode blogar quando se tem vontade. É preciso ter o mínimo de organização e pensamento estratégico.

1 - Tenha um objetivo

O que você deseja que seu leitor-alvo faça durante e após a leitura do artigo? Alguns objetivos que podem ser alcançados com este tipo de conteúdo são:

- Visão sobre você ou sua empresa como autoridade no assunto;
- Aumento de tráfego através do alcance orgânico;
- Mostrar maior clareza no assunto abordado, educando as pessoas sobre seu serviço;
- Gerar conversões ao término ou durante a leitura (p.ex.: cadastro em uma *landing page*);
- Incentivar a compra (p.ex.: condução para a sua página de vendas).

2 - Escolha o tema

Marketing de conteúdo, emagrecimento, conversão, enfim, são tantos os temas, não é mesmo? Bem, precisa ser algo que se encaixe em sua linha editorial e em sua área de atuação. Se você tem um blog sobre educação, obviamente não fará sentido produzir *Hard Content* sobre um novo modelo de carro que saiu no mercado — mesmo que seja um tipo de conteúdo poderoso, não terá qualquer resultado. Deu para entender qual é a ideia, não é?

Uma dica: você precisa ter sempre em mente que a grande parte das publicações existe para vender alguma coisa: produtos, serviços, ideias; embora outras se preocupem apenas em servir como uma marca pessoal ou meio para gerar autoridade.

Tenha isso em mente na hora de planejar seu *Hard Content*. Aproveite toda oportunidade para gerar algum tipo de conversão.

3 - Determine o tamanho

Costumo produzir meus artigos *Hard Content* com no mínimo 2.000 palavras. Geralmente ficam entre 2.000 a 4.000 palavras, em média, mas dependendo da abordagem pode até passar. Aliás, os artigos maiores não apenas facilitam na questão de SEO, mas no engajamento, como comentários e compartilhamentos - por essa você não esperava, não é?

Ressalvo mais uma vez que, de acordo com a Hootsuíte, artigos mais curtos, de até 1.000 palavras, têm aproximadamente metade dos compartilhamentos dos textos acima de 10.000 palavras. E isso deixa muitos blogueiros — desinformados ou preguiçosos —, com a cara no chão.

4 - Defina bem as palavras-chave

Pesquise as palavras-chave mais relevantes para o artigo. Defina a principal e trabalhe-a, depois escolha alguns termos secundários para encaixar no corpo do texto.

Exemplo: a palavra-chave principal de um dos meus artigos é: *o que é marketing de conteúdo?*. As palavras-chave secundárias são: *marketing de conteúdo, produção de conteúdo, produzir conteúdo*.

Algumas empresas utilizam o conceito de *long tail* (cauda longa) para aumentar os resultados dos conteúdos dos seus sites (falo sobre isso no capítulo 5).

5 - Estude a concorrência

Faça pesquisas sobre o cenário desse assunto na internet — o que os outros sites estão falando sobre ele?. Pesquise em sites das empresas líderes do setor e procure criar uma abordagem diferente, única, que destaque seu blog da maioria. Essa é uma excelente tática para garantir um bom posicionamento entre os leitores.

Aqui vai uma sacada que, com certeza, vai te ajudar muito a ampliar seus resultados: após o artigo publicado, de tempos em tempos analise os 5 posts ranqueados para a mesma *Keyword*, atualize o post com novas informações e republique com data nova.

6 – Faça uma boa pesquisa

Reúna os principais dados e fatos que você vai abordar no artigo, mas só use os mais relevantes. Escolha boas fontes de pesquisa. No meu caso, sempre opto por blogs de autoridade reconhecida no setor, principalmente os gringos. Os americanos costumam produzir bons conteúdos sobre diversos temas.

Considerar os dados e os fatos de grandes meios de comunicação como empresas jornalísticas e institutos, pode ser uma boa opção. E não pense que não vale a pena incluir os links das fontes; isso é um grande erro.

Na verdade, aplicar alguma fonte externa, que seja confiável, faz com que seu leitor perceba que há uma preocupação editorial de sua parte.

7 – Faça Link Building

O *Link Building* também é uma técnica muito importante e essencial para o SEO de um conteúdo. Ele ajuda e muito a aumentar a autoridade de um conteúdo e de uma plataforma. O que você deve fazer é conseguir bons links, referenciando o seu conteúdo e, além disso, deve também referenciar outros a partir dele — uma das formas se conseguir isso é através do *guest posts* – são publicações suas em blogs de parceiros.

Faça isso com conteúdos relacionados do próprio blog. A linkagem interna vai ajudar a "amarrar" os conteúdos e a levar o usuário de um assunto para outro. Quanto aos sites externos, se você trabalhar bem a relevância dos conteúdos, logo as pessoas estarão fazendo a linkagem para você, ou seja, estarão referenciando seus conteúdos, o que garantirá mais autoridade e visibilidade.

8 – Escreva bem

Ou melhor, escreva muito bem!

Sei que isso não é possível da noite para o dia, mas se esforce para ser bom no que você faz. Não basta apenas encher o artigo de palavras, é preciso tornar a leitura boa e fascinante para o leitor. Os blogs que se destacam em qualquer mercado são os que geralmente têm conteúdos de extrema qualidade.

Estude técnicas de escrita, argumentação, linguagem jornalística, *copywriting*, enfim, seja aplicado em aprender cada vez mais. Faça com que o conteúdo seja dinâmico. Aposte em parágrafos curtos, *bullet points*, intertítulos para que a leitura se torne fácil para quem se dispõe a ler o seu artigo.

9 – Adicione elementos "especiais"

Se você incluir imagens dinâmicas, como Gifs e vídeos que façam ponte com o que você está abordando no conteúdo, as chances de o leitor permanecer no blog aumentam muito. O Google interpreta um bom tempo de permanência como sinal de bom conteúdo e boa experiência para os visitantes e, dessa forma, o seu posicionamento é elevado nas buscas.

Isso ajuda tanto na autoridade do site diante dos algoritmos de pesquisa, como também ajuda você a converter mais clientes. Tenho percebido que incluir estes elementos aumenta consideravelmente o tempo que o visitante permanece na página do conteúdo.

10 – Escreva pensando em conversão

Já mencionei isso aqui, mas vale a pena ressaltar. Conversão é uma palavra de que gosto muito, afinal, sem isso nenhum negócio sobrevive na internet. Nesse caso, o uso do *Call-to-Action* é essencialmente importante para aumentar as conversões. Ignore isso e corra o risco de jogar tempo e dinheiro fora.

E fique sabendo que, ao contrário do que a maioria pensa, um CTA não precisa ser necessariamente colocado no fim do artigo. Posicionar chamadas em outros locais do conteúdo, principalmente no caso de material mais longo como *Hard Content*, é uma ótima forma de ampliar seus resultados.

Ideias de títulos e abordagens para seu Hard Content

É interessante pensar em títulos poderosos para seu conteúdo longo. Aqueles usados para materiais ricos como e-books, *whitepapers* e vídeos, podem funcionar muito bem. Temos, como exemplo, "Guia", "Tutorial", "Passo a Passo", "Método", entre outros termos desse tipo que podem ser usados.

O objetivo é dar ao leitor a ideia de que o artigo é, de fato, completo sobre o assunto. Henrique Carvalho, do Viver de Blog, explora muito bem isso nos artigos que escreve. Aliás, esse é um ótimo exemplo de site que se vale de *Hard Content*.

Confira abaixo algumas ideias de títulos que você pode usar em seus *Hard Content*:

- Guia Completo Sobre [assunto principal de seu blog].
- Método Testado sobre [técnica/tática].

- Passo a passo para garantir [benefício] para [você/sua empresa].
- Tutorial sobre como [fazer alguma coisa] e garantir [benefício].
- Como melhorar [elemento] usando estas técnicas sobre [assunto].
- X maneiras de tornar seu negócio lucrativo usando [técnica/tática].
- Panorama sobre [meu assunto principal] para você ficar por dentro.
- X métodos testados e aprovados sobre [assunto ou vantagem].

Além desses modelos, compartilho alguns títulos que já usei nesse tipo de conteúdo:

- Como ganhar dinheiro na internet: 21 maneiras infalíveis [2017].
- O fantástico universo do vídeo marketing: como usar o poder dos vídeos para conquistar clientes na internet.
- Marketing de Conteúdo – Tudo o que você precisa saber agora.
- *Leadlovers*: atrair, automatizar e amar.
- Segredo revelado: como criar um império milionário com produtos digitais.
- O guia completo sobre os gatilhos mentais para você usar em seu negócio ainda hoje.

Destaco, mais uma vez, que a ideia é fazer um conteúdo bem completo, pensado em multiresultados. E um dos *Hard Content* que fiz, decidi aplicar o termo "aprenda de uma vez" para o leitor captar que existe bastante informação no artigo.

Se você criar vários conteúdos neste estilo, seja explicando a definição de termos do seu mercado, seja dando dicas exclusivas sobre algum assunto, ou ainda: destrinchado táticas e analisando ferramentas, estará criando uma grande biblioteca de informação para seu público-alvo, tendo a oportunidade de posicionar melhor o seu blog e conseguindo muitas visitas e conversões.

14
Guest post

> *"Ser bem-sucedido com um blog não é escrever um post chave, é atuar bem dia após dia ajudando poucas pessoas de cada vez"*
>
> (Aaron Wall)

Guest post é um tipo de publicação muito importante para uma estratégia de marketing de conteúdo. Explicando de forma simples, *guest post* é um conteúdo escrito por alguém que não é dono ou responsável direto do site, ou seja, um autor convidado ou um autor que se ofereça para escrever um artigo para a plataforma.

Em alguns casos, *guest posts* são escritos pelos próprios leitores de um blog que tenha um bom número de visitantes. A publicação costuma ser boa para ambas as partes, tanto para quem escreve o *guest post*, que fica conhecido pelos leitores do blog como o blogueiro que ganha um artigo de qualidade "sem esforço".

Além do mais, a tática ajuda no SEO com *link building*. Afinal, é possível linkar algumas palavras do *guest post* para o blog de quem escreveu, e assim, conseguir links inteligentes. Quem é blogueiro ou profissional de marketing sabe que conseguir *backlinks* é a porta de entrada para melhorar o posicionamento de um site nos motores de busca.

Neste capítulo, vou apresentar dicas práticas para escrever um *guest post* indiscutivelmente incrível. Elas são baseadas no processo que eu mesmo procuro cumprir quando vou produzir esse tipo de conteúdo. Vamos lá!

Converse com o anfitrião

Você precisa saber quais são os objetivos do anfitrião, ou seja, do blogueiro que te convidou para escrever na plataforma dele. Para que haja resultado, as intenções precisam estar muito claras.

Qual é exatamente a proposta do convite? Conscientizar a audiência sobre o tema abordado? Aumentar o nível de conhecimento que eles têm sobre o assunto? Gerar mais visitas? Engajamento? Enfim, o objetivo deve ser posto em pauta, mesmo que seja um objetivo pequeno.

Estude a audiência da plataforma

Agora que você já sabe o que dono do blog quer, informe-se sobre o perfil do público dele. O que eles costumam consumir? Como se comportam na rede? Como interagem com as postagens?

Você pode descobrir isso perguntando ao anfitrião e também observando o comportamento dos leitores, nos espaços de comentários dos posts já publicados, ou em grupos do *Facebook*, caso existam. A ideia é ser o mais certeiro na forma de comunicar a mensagem no *guest post*.

Verifique o uso das palavras-chave

É importante que você planeje as palavras-chave que serão usadas no post. Para não correr o risco de produzir um post com um termo de busca que já foi utilizado pelo blog, situação que pode causar conflito no SEO.

Nada impede que você escreva apenas pensando em um assunto importante para a audiência que não tenha uma palavra-chave específica, mas assim como você faz em seu blog, é bom otimizar seus *guest posts* para aumentar os resultados de tráfego. Até porque quanto mais seu conteúdo for bem encontrado, mas gerará visibilidade para você.

Defina um objetivo específico

Não perca o seu objetivo de vista e sempre trabalhe pensando em vantagens duplas. Ou seja, pensando no retorno tanto para a plataforma quanto para você. Além de saber o que a pessoa que te fez o convite espera, defina o seu objetivo como autor.

Já que estamos tratando de visibilidade e credibilidade, a intenção pode ser a de fazer com que as pessoas conheçam melhor o seu trabalho, levar mais visitantes para o seu blog etc. Aliás, nunca se esqueça de colocar links estratégicos no seu *guest post* - mais à frente falarei mais sobre isso.

Domine bem o assunto abordado

O ideal é que o assunto tratado seja do seu conhecimento. Os meus *guest posts*, por exemplo, costumam ser sempre voltados ao marketing de conteúdo, pois é o assunto de minha expertise. Não há regra, você pode escrever sobre outros assuntos, mas, obviamente, devem fazer ponte com alguns de seus projetos.

Não é recomendado escrever um *guest post* sobre flores, se o que você está promovendo são carros, entende? Então sempre trate daquilo que você entende melhor, e que isso esteja sempre contextualizado com o seu objetivo como profissional ou como empresa.

Reúna e ponha as ideias em ordem

Qual a maneira mais apropriada de preparar um conteúdo incrível? Simples: procurar no âmago de seus conhecimentos pontos importantes e suas experiências significativas com o tema proposto. Uma verdadeira preparação significa meditar sobre o assunto. Acredite, essa é a melhor forma de garantir um bom resultado com o seu *guest post*.

Medite sobre o tema até que ele se torne suave e fluente. Anote suas ideias no Word, ou em um bloco de notas, até que a coisa comece a fluir naturalmente. Você verá como é fácil arrumar e organizar os tópicos do seu *guest post* depois desse período de meditação.

Capte insights e reúna dados

Não se limite. Até a data de entrega do seu *guest post* poderão surgir diversos *insights* para complementar o conteúdo. Isso vai deixar as informações "mais frescas" e o seu post mais inspirador. Um bom autor se mantém atento aos *inputs* e está sempre conectando pontos. Por isso não torne as coisas frias e inflexíveis, escrevendo um artigo no "padrão redação". Pense como um autor de verdade.

Faça boas pesquisas para reunir dados sobre o tema abordado. Números deixam o conteúdo com mais autoridade. Escolha bem as fontes, e se possível só inclua dados feitos por especialistas e divulgados por sites de confiança. Dados incertos e imprecisos jogam contra o seu trabalho e só enfraquecem o seu conteúdo. Também faça questão de citar a fonte, entre parênteses, ou com o link do site de onde você retirou.

Inclua histórias, se possível

Uma história criativa e autêntica é capaz de conectar a emoção das pessoas e inspirá-las à ação de forma única, lembra? A história do seu *guest post* pode ser sua, da sua própria empresa, do produto, do serviço ou de qualquer outro elemento relacionado ao tema em questão.

O importante é que seja boa, que conecte. Sempre que posso, incluo narrativas em meus posts, e isso notoriamente amplia os meus resultados. Se você se esforçar para contar uma boa história, real e motivadora, não será diferente com você.

Escreva um título impossível de ser ignorado

O título é o elemento mais poderoso de um texto (conforme expliquei no capítulo 3), sendo o primeiro responsável por despertar ou não o interesse do leitor. Capriche nos títulos de seus *guest posts*. Um mau título pode matar todo o resto, e isso não é o que você deseja, não é mesmo?

Perca tempo, ou melhor, dedique tempo na construção de seus títulos. Afinal, serão determinantes para atrair a audiência e poderão abrir as portas para a construção e um relacionamento que renderá frutos para ambas as partes.

Desperte o interesse do leitor logo no primeiro parágrafo

Escreva ansiando que as pessoas participem da leitura, não passivamente, mas como se estivessem num diálogo. Se esforce para falar com as pessoas e não falar para as pessoas.

Converse francamente com o leitor e perceba como ele reagirá melhor. Aliás, leve isso para todo tipo de produção. A internet é caracterizada pela construção de diálogo, onde seguidores, leitores e fãs têm o poder e o direito de interagir com os mensageiros. Seja sempre um bom "conversador".

Escreva pensando na audiência

O escritor persuasivo deseja sinceramente que os seus leitores sintam o que ele está sentindo, concordem com o seu ponto de vista, façam aquilo que ele está dizendo que deve ser feito. A audiência deve ser o centro, e não ele mesmo.

Porte-se como um evangelista apaixonado conscientizando as pessoas que sua causa é justa. Foque na mensagem, naquilo que você promove. Não discurse friamente sobre um tema. Um bom evangelista tem amor pelo que faz, e isso é naturalmente percebido.

Não entregue antes de revisar pelo menos 3 vezes

Este é um grande conselho. A revisão está entre as premissas da boa escrita. Tive que errar algumas vezes para defender isso. Já entreguei *guest posts* revisados apenas uma vez e depois fiquei pensando: "poxa, poderia ter escrito aquele trecho de outra forma". Foi então que decidi não entregar qualquer conteúdo, seja ele encomendado por clientes, para mim mesmo ou um post para outros blogs, antes de passar por uma boa revisão.

O ideal é sempre revisar um dia depois de ter escrito. Chamo isso "milagre do dia seguinte". Sempre consigo enxergar mais do que se estivesse revisando no mesmo dia. Depois de revisar a construção das ideias, a gramática a ortografia, duas vezes, leio o texto em voz alta na terceira vez.

A voz silenciosa interior nem sempre é suficiente. Ao ler em voz alta, você treina o seu ouvido para detectar trechos que não estão soando bem. Experimente fazer isso.

Pedir para algum amigo ler e analisar o que você escreveu também é outra boa prática.

Coloque os links certos

Lá atrás eu comentei sobre os links. Faço questão de reforçar a informação. O *guest post* é um tipo de publicação perfeita para te ajudar com o SEO; por isso, escolha bem os links que vão entrar no conteúdo. Procure optar por incluir aquele post que você quer ranquear, mas claro, desde que esteja dentro do contexto.

Não caia no erro de encher seu artigo de links. Isso vai comprometer o resultado e vai deixar explícito que você está aproveitando a oportunidade somente para tirar vantagem. Não se esqueça de incluir links da própria plataforma onde o artigo será publicado. Lembre-se da parceria, ok?

Quanto à quantidade de links, em um post de 1.000 palavras, por exemplo, 4 são suficientes, dois seus e dois da plataforma. Mas isso é apenas uma sugestão, não uma regra.

Envie o seu conteúdo com um "Q" a mais

Eu gosto de enviar ou pelo menos sugerir o tipo de imagem. Faço uma pequena análise do tipo de imagens que o blog costuma escolher e encontro algumas no estilo apara enviar junto com o meu post. Essa é uma forma de entregar mais e mostrar para o anfitrião que você se preocupou.

Mesmo que não use, será legal saber que você pensou nisso. Também envio uma pequena descrição de como eu produzi o post, lembrando-o do objetivo e até citando os links da plataforma que foram incluídos. O profissionalismo fica evidente.

Você pode pensar no *guest post* como uma publicação comum ou como uma verdadeira parceria de negócios que vai te ajudar a chegar aonde você quer.

Seu trabalho é sair e descobrir onde suas publicações poderão acontecer e como você vai tornar isso uma ótima forma de fazer negócios.

Se você tiver dificuldades com a escrita, nada impede que você contrate um especialista em produção de conteúdo para ajudar. Aliás, muitas empresas hoje contam com estrategistas e redatores para conseguir colocar seus planos de conteúdo em ação.

15
Tipos de artigos

"Pensamento claro se torna escrita clara: um não existe sem o outro"

(Willian Zinsser)

Existem diversos modelos de texto que podem ser usados para atrair visitantes, engajar leitores e transformá-los em clientes. Decidi listar neste capítulo alguns dos principais para sua consideração.

Você poderá testar e escolher qual deles funciona melhor em sua estratégia e, em determinado momento, ou até mesmo usar todos paralelamente em seu blog. Garanto que o seu repertório de conversão aumentará consideravelmente!

1. Post

Post e artigo podem ser usados como sinônimos, mas, em algumas ocasiões, podemos diferenciá-los. Muitos blogs são compostos apenas por textos curtos e a eles é dado o nome de posts – textos menores e mais diretos que os artigos. Essa é uma das formas mais populares de se publicar um conteúdo, principalmente em blogs de opinião e em formato de diários online.

O tamanho pode variar entre 350 a 600 palavras, mas essa é uma média, não regra. Contém um título, introdução, desenvolvimento e conclusão. Alguns blogueiros e produtores de conteúdo publicam seus posts sem imagens, outros preferem incluí-las para complementar a mensagem a ser transmitida.

Um ótimo exemplo é o blog de Seth Godin, que baseia sua estratégia em posts curtinhos, que variam pouco de tamanho conforme o tema. Muitos deles têm apenas quatro ou cinco parágrafos, sem imagens.

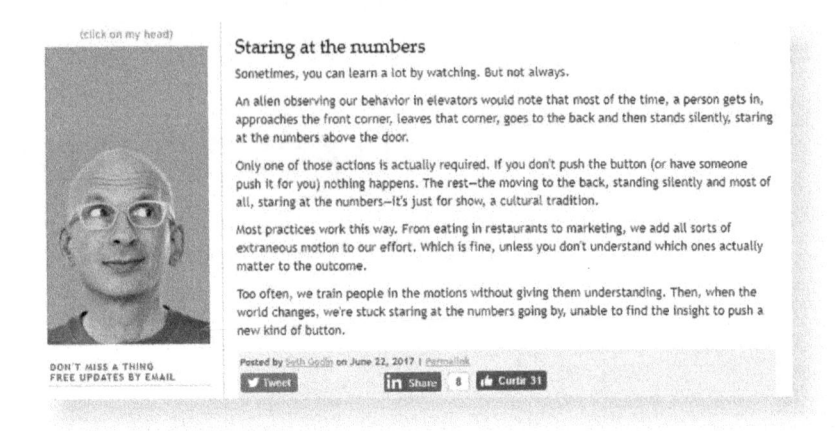

Você pode usar os posts em seu blog com muita criatividade, mas saiba que gerar tráfego com esse tipo de conteúdo costuma exigir maiores esforços e investimentos de tempo e dinheiro.

Esse formato geralmente garante mais resultados quando a pessoa já é conhecida e tem uma audiência considerável. Outro ponto negativo é na questão do SEO. Se o direcionamento do blog não for claro, e se a linha editorial não for consistente, os algoritmos podem achar que o conteúdo é irrelevante.

2. Comum

Eu chamo de artigo comum um texto para a web com a média de palavras de 500 a 1.000, além de ser escrito com uma abordagem simples e direta. É um tipo de conteúdo muito usado por blogueiros profissionais e também por profissionais de marketing para gerar volume no blog e atrair visitantes.

Muitos artigos comuns são compostos com abordagem informativa, apresentando um tema interessante para a audiência, um estudo/pesquisa ou fala diretamente de um produto ou serviço. Ou seja, é uma apresentação clara e objetiva dos fatos e benefícios. Nesse caso, especificamente, o conteúdo não é exatamente "matador" e impactante, mas informativo. O objetivo é abordar informações necessárias para que o público tome uma decisão, conheça a marca, se interesse pelo blog etc.

3. Longo

Conteúdos longos partem do princípio de que quanto mais você conta, mais você vende. Falei mais sobre isso no capítulo "Tamanho do Artigo". O autor tem a oportunidade de mostrar logo todas as cartas como, por exemplo, fazer um primeiro parágrafo irresistível, incluir CTAs persuasivos, adicionar muitos dados, fatos e informações, explorar melhor as imagens, contar uma história, vender uma ideia, serviço ou produto.

Raiam dos Santos, escritor de alguns Best Sellers da Amazon, como *o Hackeando Tudo*, aposta em artigos de, em média, três mil palavras em seu blog pessoal e tem um público cativo enorme, que interage com cada post. Você já deve ter se deparado com algum artigo dele pela rede.

Conteúdos mais longos são mais compartilhados, recebem mais engajamento, conquistam mais tráfego orgânico, compartilhamentos nas redes sociais e links externos, claro, desde que também sejam bem escritos e sejam úteis de alguma forma ao leitor.

4. Conversão

Se sua intenção é vender, você não pode, de forma alguma, deixar de apostar nesse tipo de conteúdo. Além de estar entre os que mais atraem visitas, são os que geram mais *leads*, pedidos de orçamentos e vendas do produto em sites. Tudo por causa da linguagem mais atrativa e persuasiva que o blogueiro ou o produtor de conteúdo aplica.

Existe uma analogia que eu sempre uso para falar sobre esse tipo de artigo: imagine uma conversa entre você e o seu possível cliente. Imagine que você é um vendedor almoçando com um cliente em um restaurante enquanto tenta vender algo. A abordagem da conversa precisa ser direta, buscando uma identificação com o potencial comprador.

> **Como começar um negócio na internet e faturar de 5 a 10 mil por mês**
>
> JOÃO PAULO PEREIRA   JUNHO 7, 2017   0 COMENTÁRIOS
> CONVERSÃO, FUNIL DE VENDAS, MARKETING DIGITAL, VENDAS ONLINE

Seu conteúdo de conversão deve ser produzido com esta pegada. E não ache que você precisa ser um grande escritor para fazer um texto convincente. Se conseguir demonstrar paixão pelo produto, tiver criatividade e certo capricho para deixar o artigo bem escrito, conseguirá se sair muito bem.

Uma ótima maneira de escrever conteúdos de conversão é gravar sua própria fala sobre o produto. Depois de gravado, transcreva e depois edite o texto. Caso não tenha tempo ou não queira escrever, considere contratar algum redator com habilidades para produzir um artigo para você.

Um exemplo de título para um artigo de conversão: *Empresários perdem 40% do seu precioso dinheiro com boletos bancários. Você é um deles?* Este artigo foi usado por um cliente numa página cujo objetivo era o de vender um *software* de conversão de boletos e teve um grande papel do lançamento desse produto no mercado.

5. Impacto

Esse é o tipo de conteúdo que faz o leitor dizer: "Uau" ou "Nossa!". Se você já leu algum conteúdo que já te inspirou, emocionou ou motivou de alguma forma, você sabe de que tipo de texto estou falando.

Um exemplo do meu blog é o artigo: *Marketing de conteúdo não é um amontoado de palavras num site WordPress*. Nele, eu "toco na ferida" dos afiliados profissionais que não investem corretamente no marketing de conteúdo. Meu objetivo com tal texto foi de tentar chamar a atenção do mercado e de conscientizar os profissionais de afiliação que boa parte dos blogs deixar a desejar no que se refere à qualidade.

Em um artigo de impacto você deve escrever alguma coisa que toque o leitor, que o motive a dividir a mensagem com os outros, que o faça comentar o artigo. Para isso, você deve criar algo que faça com que as pessoas prestem atenção, pensem e sintam. Você pode incorporar histórias que enfatizam suas experiências e que sejam capazes de despertar as emoções. Todos nós sabemos qual é a sensação de ser desprezado ou intimidado.

Todos nós já nos sentimos inseguros em algum momento de nossas vidas, e já tivemos a experiência de trabalhar duro para alcançar uma meta de longo prazo. Que tal descrever isso com palavras? Quando você incorpora histórias que se entrelaçam com experiências marcantes que já viveu, seu conteúdo mexe com a mente e toca o coração dos leitores.

6. Jornalístico

Marketing e jornalismo andam de mãos dadas na web! E isso não se resume aos grandes portais de notícias, pois jornalismo também pode ser usado nos negócios. Uma matéria jornalística pode entrar em cena como um ativo poderoso de engajamento, por exemplo, dependendo da estratégia.

As notícias em blogs costumam ser curtas e objetivas, sendo compostas com "pílulas" ou "*drops*". Apresentam uma manchete que aponta para o que será tratado, convidando a pessoa à leitura. O número de palavras pode variar de 150 a 500, e geralmente tem uma imagem que ajuda na compreensão do tema.

Pianista apresenta incrível solo de Mozart no Cine Brasília

Equipe Aprenda Piano | 31/05/17

Alguns apostam na atualização diária de notícias, fazendo com que o site consiga um número alto de acessos. Um ótimo exemplo é o do site aprendapiano.com, no qual o empreendedor Ramon Tessmann criou uma área de notícias que é constantemente atualizada sobre temas relacionados à música num geral, e mais especificamente, piano.

7. Lista

Se você já visitou o popular site *BuzzFeed*, já deve ter percebido que boa parte dos seus posts é em formato de lista. Posso citar como exemplos: *23 coisas que o Brasil precisa exportar para o mundo urgentemente e 21 indícios de que a ciência está indo longe demais.*

As listas dão a entender que o texto será objetivo e rápido de ler. Muitos leitores saem em busca de "pílulas de informação" e não querem perder tempo com textos longos. Nesse contexto, as listas são muito úteis.

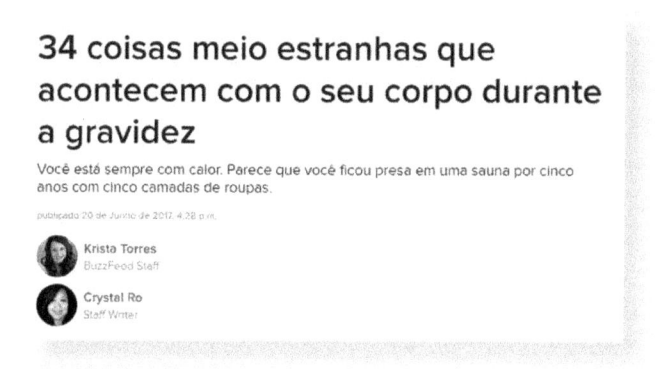

> **34 coisas meio estranhas que acontecem com o seu corpo durante a gravidez**
>
> Você está sempre com calor. Parece que você ficou presa em uma sauna por cinco anos com cinco camadas de roupas.
>
> publicado 20 de Junho de 2017, 4:38 p.m.
>
> Krista Torres
> BuzzFeed Staff
>
> Crystal Ro
> Staff Writer

Outras ideias de artigos com listas:
- 17 dicas incríveis para escrever textos para a web impossíveis de não serem lidos.
- 15 estratégias para gerar tráfego qualificado para o seu site.
- 29 táticas testadas para você atrair fãs para sua marca.
- 13 hábitos que vão levar você ao sucesso financeiro.

Se você é um leitor atento, deve ter reparado que em todos os exemplos acima foram usados números ímpares. Profissionais de marketing de todo o mundo comprovam que números ímpares têm um desempenho melhor do que os pares. Mas, não deixe de fazer um teste para saber como isso funciona com o seu público.

8. Case

O case de sucesso, ou o estudo de caso, é um conteúdo que descreve os relatos da transformação e dos resultados de um cliente, aluno, leitor etc., depois de comprar o produto ou contratar os serviços de uma determinada empresa. Esse tipo de conteúdo pode ser muito eficiente em sua estratégia, já que reforça o poder do que você vende para seus potenciais clientes.

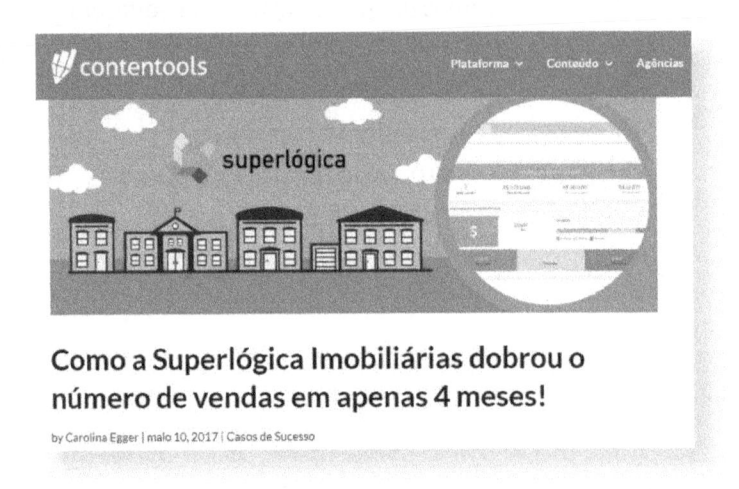

Os casos de sucesso são muito usados na fase anterior do cliente realizar a compra, sendo usado como um encorajador ao fechamento do negócio. Nada melhor que conhecer as histórias de outros clientes que já testaram e aprovaram o produto para atrair um novo cliente, não é mesmo? Portanto, se você já conseguiu levar algum cliente ao sucesso, pode criar um conteúdo detalhando isso.

9. Entrevista

As entrevistas também caem muito bem nos conteúdos em texto. E, dependendo de quem você vai entrevistar, o texto pode garantir diversos resultados em tráfego, visibilidade, confiança por partes dos clientes, entre outras coisas.

Para criar esse tipo de conteúdo, você pode convidar alguma autoridade do seu mercado e pedir a ela para responder algumas perguntas, que podem ser enviadas por e-mail, *WhatsApp*, *Messenger* etc. Após ter as respostas, você pode editar e publicar em seu blog.

Algumas entrevistas em texto foram muito bem produzidas no site MarketingdeConteúdo.com.br. No exemplo a seguir, vemos uma em que 10 perguntas foram feitas à Emília Chagas da Contentools:

10. How-To (como fazer)

How-To (ou *howto*) é um termo muito utilizado para definir um manual escrito com um objetivo específico em mente. A tradução literal para o termo, em português, é "como fazer", ou "como conseguir". Este é um modelo muito popular em muitos blogs americanos e também em alguns brasileiros.

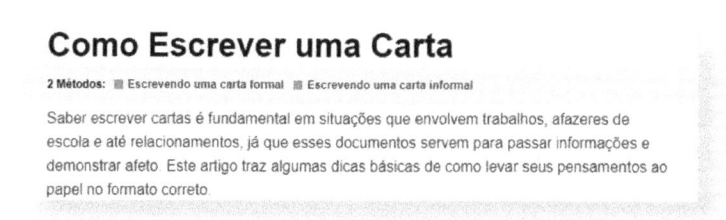

Esse é um tipo de conteúdo geralmente destinado ao leitor que possui pouco conhecimento técnico sobre determinado assunto, e não entra, geralmente, em grandes detalhes teóricos sobre a abordagem, já que a ideia é conseguir um determinado objetivo específico e prático.

Alguns exemplos:

- Como criar campanhas para o seu produto digital;
- Como escrever um post para blog;
- Como consertar fone de ouvido;
- Como ganhar dinheiro na internet.

11. Opinião

Acredite, o público gosta de saber suas opiniões particulares sobre sua área de atuação. E é por isso que você deseja construir sua imagem e ter uma marca forte, e, sendo assim, você precisa dedicar uma parte do seu tempo para lançar ideias originais e corajosas sobre alguns temas.

Quem me acompanha há algum tempo, já deve ter reparado que, algumas vezes, exponho minha opinião em meus artigos. Crio alguns conteúdos que mostram minha visão sobre o mercado, sobre alguma ferramenta, alguma tática testada etc.

Você pode fazer o mesmo, mas é preciso tomar cuidado e estar bem preparado, pois, em algum momento, poderão surgir oportunidades ou necessidades de expor ideias controversas através da escrita. Sem contar que esse tipo de abordagem pode atrair *haters*.

Nos gêneros argumentativos, o autor geralmente tem a intenção de convencer o interlocutor e, para isso, precisa apresentar bons argumentos, que consistem em opiniões e verdades. Como artigos desse tipo são fundamentados em impressões pessoais, podem se tornar fáceis de contestar.

Qual deles você deve adotar?

Depende muito dos seus objetivos. Essas 11 formas podem te ajudar a gerar resultados, porém dependendo do nicho, do público-alvo e da intenção, um tipo poderá ser mais efetivo do que o outro. E nada impede que você aposte em todos paralelamente, mas isso pode gerar uma demanda gigante e muitos fluxos de trabalho. Para quem está começando, aconselho que escolha alguns dos formatos e faça o melhor conteúdo que puder.

16
Artigo que vende

"Os redatores de anúncios abandonam seus papéis. Esquecem-se de que são vendedores e tentam ser artistas. Em vez de vendas, buscam aplausos."

(Claude Hopkins)

Existe uma grande diferença entre você criar um conteúdo com um objetivo direto de venda e um conteúdo apenas com potencial de venda. No primeiro caso, o texto tem um objetivo claro de conversão. No segundo, existe apenas a expectativa de que acontecerá algo após o visitante ler o texto.

Eu aconselho que você concentre boa parte dos seus conteúdos na geração de vendas reais. Em outras palavras, usar uma estrutura textual que leve o público a uma jornada na qual tome uma ação ao chegar ao final do texto. Se você vai investir tempo e dinheiro em conhecimento em sua produção de conteúdo, o ideal é adotar um processo que realmente traga resultados.

Para entender melhor como aplicar esse processo, deve-se entender porque as pessoas pesquisam informações na internet. Procuram por coisas que ensinem algo útil e que resolva os seus problemas. Isso deve estar claro para você na hora de produzir um conteúdo realmente relevante.

Vamos considerar um exemplo:

- Como viajar com pouco dinheiro – Esta é uma pesquisa com 100 a 1.000 buscas no *Google*.

É preciso questionar o que existe por trás desta pergunta. Alguém que deseja viajar, mas não sabe como gastar muito com transporte, hospedagem e alimentação. Essa pessoa precisa, inicialmente de informações corretas e que a oriente no processo para viajar gastando pouco, certo? Ela estará pesquisando por um conteúdo que mostre a ela o caminho a seguir. O problema desse usuário precisa ser resolvido.

Você precisa entregar a solução para essa pessoa dando dicas ou ensinando o caminho. Se você sabe as respostas de algumas perguntas e isso está ligado diretamente ao seu produto ou serviço, ou a algum produto que você decidiu promover, você pode produzir um conteúdo que realmente vende. Eu vou te mostrar como fazer isso.

A estrutura de um artigo que vende

Inicialmente, você deve criar uma linha editorial direcionada a resolver problemas e que entregue as soluções para questões levantadas por um público-alvo a partir de diversos formatos de conteúdo, como textos, vídeos, e-books, infográficos, *podcasts* etc..

Continuando com o exemplo da viagem com pouco dinheiro. Imagine que a pessoa leia um artigo com 17 dicas para viajar gastando pouco. Esse conteúdo fala sobre pedir carona, comprar passagens aéreas com antecedência, se hospedar em um hostel, comer em restaurantes baratos etc.

Esse é um tipo de conteúdo comum que entrega informações úteis e importantes, mas que não resolve o problema em si. O conteúdo que realmente resolve o problema precisa seguir a seguinte estrutura:

- Promessa.
- Problema.
- Causa.
- Solução.

Vou dar o exemplo de como seria o artigo que ensina a viajar sem gastar muito.

Promessa:

Como viajar com pouco dinheiro e ainda curtir os melhores lugares do Nordeste.

Aqui é o começo do artigo, explicando que é possível aprender a viajar sem muito dinheiro para um lugar específico que muita gente que viaja gostaria de conhecer. Nesse artigo, a pessoa aprenderá a maneira mais inteligente para conseguir tal resultado.

Problema:

Essa é a segunda parte do artigo em que você explicará a situação atual do potencial cliente, ou seja, o problema central.

Exemplo: muitas pessoas têm o sonho de viajar, mas não querem mais esperar por isso. Infelizmente, a maioria dessas pessoas se organiza, trabalha horas extras, economiza dinheiro e mesmo assim não consegue tirar a viagem do papel.

O problema central a ser resolvido por esse artigo é: "eu quero viajar com pouca grana e mesmo assim aproveitar a viagem, então, o que eu posso fazer?".

A maioria dos conteúdos da internet se concentra em entregar "dicas", mas não se concentram em apontar a raiz do problema, indicar a causa e mostrar uma solução. É exatamente isso que você precisa aprender aqui.

Causa:

Depois de fazer uma promessa para o leitor e de explorar o problema, é hora de gerar um grande valor do seu conteúdo mostrando a causa do problema.

Vamos refletir um pouco. Imagine que você tem insônia diariamente. Por isso, usa alguns remédios para dormir, mas não sabe o que, de fato, tem causado a falta de sono. Você toma o remédio e depois de uns três dias, a insônia retorna. Você ficará bem até entender e resolver a causa do problema? Claro que não. Você quer dar um fim no problema para continuar não sofrendo. Assim como você, o seu público também quer saber a origem, o motivo, a causa do problema.

Diferente das primeiras partes, a promessa e o problema, aqui nessa parte você deve se estender um pouco mais. E é bom destacar que a causa deve estar diretamente relacionada ao produto que você pretende vender. A causa para o problema de não conseguir viajar pode ser o desconhecimento de alternativas. A pessoa só conhece os métodos convencionais. E cabe a você mostrar isso a ela para depois fazer ponte com o seu produto.

Responda a seguinte pergunta: meu conteúdo está falando de um problema que o meu produto pode resolver? A resposta para essa pergunta ajudará você a alcançar os seus objetivos de vender no final do texto.

Solução:

Reserve uma boa parte do seu conteúdo para entregar a solução, pois é neste ponto que você apresentará o caminho a ser seguido. E a verdade é que quanto mais detalhes você der sobre a solução para o problema do leitor, mais facilmente você vai vender o que pretende.

A solução para o problema do exemplo dado, ou seja, de não conseguir viajar, pois se tem pouco dinheiro, é mostrar na prática como o leitor pode seguir sua orientação após a causa. É nessa fase que você deverá apresentar os passos, pilares e o método para a pessoa seguir.

Seu produto pode ser um e-book de 70 páginas no qual você mostra exatamente como a pessoa pode viajar com pouco dinheiro. Esse e-book pode destacar sua experiência em suas últimas cinco viagens para pontos turísticos conhecidos. Nele você pode mostrar como pagar mais barato em tudo, desde o transporte até a alimentação. Cabe a você levar a pessoa até sua página de vendas onde o e-book será oferecido com uma oferta forte e irresistível.

Ao criar artigos com essa estrutura, as chances de transformar conteúdos em fontes de clientes reais aumentam consideravelmente. Infelizmente, muitas agências e produtores de conteúdo não conseguem gerar resultados de vendas para os seus clientes, pois focam apenas em conteúdos com dicas e se esquecem de resolver o problema do cliente.

Essa é uma estrutura que eu tenho aplicado em projetos de marketing digital com sucesso. Se você tem um negócio ou busca, de alguma forma, vender algum produto ou serviço, esse modelo de conteúdo poderá ajudar você a vender mais e melhor.

CAPÍTULOS EXTRAS

17
Conselhos de David Ogilvy para ser um redator altamente criativo

"Boa escrita não é um dom natural. Você precisa aprender a escrever bem."

(David Ogilvy, Confissões de um Publicitário)

Quais são as suas maiores influências no ramo da escrita? David Ogilvy é uma das minhas. Talvez a principal como redator. Trata-se de um dos profissionais mais influentes de todos os tempos.

Washington Olivetto diz que "David Ogilvy conseguiu atingir um alto grau criativo e se destacou como um homem de negócios agressivo, sem perder a elegância e a ética". Compartilharei alguns conselhos fantásticos de Ogilvy, retirados de livros, artigos e documentários, para você se tornar um redator acima da média e gerar resultados com a escrita para a web.

1. "Escreva da maneira como você fala. Naturalmente".
2. "Use palavras curtas, sentenças curtas e parágrafos curtos".
3. "Nunca use jargões. Eles são características de um burro pretensioso".
4. "Nunca escreva mais de duas páginas sobre qualquer assunto" — falando sobre impressos.
5. "Nunca envie um texto para o cliente no mesmo dia. Leia em voz alta na manhã seguinte ao dia da produção e edite-o".
6. "Se é um trabalho bastante importante, peça para um colega ler, analisar e melhorá-lo".

7. "Antes de enviar seu texto, verifique se ele é cristalino e se mostra com clareza o que o alvo precisa fazer".
8. "Estude o produto antes de criar a campanha"
9. "Editores de revistas são melhores comunicadores que os publicitários. Copie suas técnicas".
10. "O que você diz é mais importante do que como você o diz."

David é amplamente aclamado como "o pai da propaganda moderna". Em 1962, a Revista Time o chamou de "o mago mais procurado na indústria de publicidade". Se tivesse trabalhado na era da internet, com certeza teria conquistando grandes resultados em vendas e conversões. Pratique essas dicas e eleve o nível de seu trabalho.

CAPÍTULOS EXTRAS

18
Dale Carnegie: como se comunicar bem e influenciar pessoas no universo digital

> *"Quando o homem se mostra incapaz de dizer claramente aquilo que deseja, seja por nervosismo, por timidez ou por obscuro processo de raciocínio, sua personalidade se anula, se ofusca ou se confunde."*
>
> (Dale Carnegie, Como Falar em Público e Influenciar Pessoas no Mundo dos Negócios)

Os seus resultados na vida social e nos negócios dependem grandemente da sua capacidade de comunicar aos seus semelhantes aquilo que você é, o que você sente e no que você acredita. Hoje, em um ambiente tão poderoso como a internet, mais do que nunca precisamos saber nos comunicar bem, e, quando se trata de negócios, esta comunicação também precisa ser influente.

Nada melhor do que aprender isso com quem passou a vida se dedicando ao assunto. Dale Carnegie é considerado um dos maiores comunicadores do século XX. Destacou-se como especialista em oratória e como escritor, tendo lançado diversos *best-sellers* em vida (faleceu em 1955).

Nas próximas linhas, trago algumas lições importantes ensinadas por ele para que você consiga se comunicar bem, produzir conteúdos fantásticos e influenciar as pessoas no universo digital. Acompanhe!

1. Seja apaixonado pelo seu tema

"Em quase todos os assuntos, você será salvo pela sua paixão por eles."

Você só vai adquirir a atenção do público de forma plena, quando essas pessoas perceberem que há uma chama acesa naquilo que você comunica. Leve isso a sério na hora de escrever um artigo. Você deve falar sobre o que é apaixonado. Isso não será difícil de conseguir se você já trabalha com o que ama.

Carnegie explica o seguinte: "Quando o homem coloca o coração no que diz, seu eu verdadeiro vem à tona. As barreiras caem. O calor de suas emoções faz com que elas se dissolvam. Tal homem fala e age espontaneamente. Ele está ao natural.".

2. Use ilustrações e exemplos

"Somente as histórias predispõem à leitura."

Há algo em comum entre o orador nato e o escritor impactante: saber contar uma boa história. Dale Carnegie deixa isso bem claro em *Como falar em Público e Influenciar Pessoas no Mundo dos Negócios*. Ele explica que as pessoas são mais propensas a absorver a mensagem quando histórias são usadas.

Contar algo relacionado ao seu passado, utilizar exemplos reais de histórias vivenciadas por você, usar casos de clientes satisfeitos com seu produto ou serviço, aplicar analogias com fatos vividos, podem ser uma ótima forma de cativar e influenciar o público.

3. Use palavras familiares que criem imagens

"O orador que se ouve com fidelidade é aquele que faz com que imagens flutuem aos nossos olhos."

Carnegie cita Herbert Spencer, no famoso ensaio sobre "A Filosofia do Estilo", para explicar sobre a superioridade dos termos que produzem imagens brilhantes, afirmando que "Não pensamos em generalidades, mas em particularidades".

Frases que formam imagens enchem as páginas da Bíblia e das obras de Shakespeare, como abelhas em torno de um alambique de cidra. Por exemplo, um escritor de lugares comuns teria dito que a coisa certa seria "supérflua", procurando melhorar o perfeito. Shakespeare expressou o mesmo pensamento com uma frase que se tornou imortal — "Dourar o ouro polido, colorir o lírio, perfumar a violeta".

Repare como os provérbios que passam de geração em geração são visuais – "Mais vale um pássaro na mão do que dois voando", "Podemos levar um cavalo até o bebedouro", mas não podemos obrigá-lo a beber", "Duro como uma pedra etc". Há imagens mentais em todos eles. Leve isso para sua produção de conteúdo e pinte telas na mente de seus leitores.

4. Seja específico

"Faça com que os apelos à vista sejam definidos e específicos."

Os grandes *copywriters* conhecem bem o poder da especificidade. Dale Carnegie já falava sobre isso no século passado. Ele aconselha a evitar os termos amplos e a usar palavras explícitas. Um "cão parrudo de raça" é muito mais amplo que um "buldogue". Veja como o segundo transmite mais clareza sobre como é o cão.

Em *The Elements Of Style*, William Strunk Jr. Afirma que "Todos aqueles que estudaram a arte de escrever estão de acordo em um ponto, a saber: a maneira mais segura de despertar e prender a atenção do leitor é ser específico, definido, concreto. Isso é tão verdadeiro ao falar como ao escrever".

5. Tenha em vista os interesses do leitor

"Pergunte a si mesmo como o seu assunto ajudará a resolver os problemas dos seus ouvintes e o fará alcançar seus objetivos."

Se você for um contador e começar escrevendo algo como: "vou te mostrar como economizar de 100 a 200 reais em seu imposto de renda", é certo que atrairá a atenção do público. Trazendo para o contexto do marketing, as pessoas querem saber sobre como o seu produto pode ajudá-las com os seus problemas. Seu conteúdo tem a função de auxiliar a resolver os problemas, seja direta ou indiretamente.

Encare a verdade: "as pessoas são egoístas e estão pensando nelas mesmas, quase todo o tempo". Sua função como um comunicador é a de falar com vista no interesse delas. O conhecimento sobre quem é o seu leitor-alvo e a sua persona vai te deixar mais apto a cumprir essa missão.

Enfim...

"As ideias que defendo não são minhas. Eu as tomei emprestadas de Sócrates, recebi-as de Chesterfield, furtei-as de Jesus. E se você não gostar das ideias deles, quais seriam as ideias que você usaria?"

Mapeio o trabalho de grandes comunicadores desde 2009. Dale Carnegie é um dos que mais me influenciou. Faleceu há muitas décadas, mas deixou um legado incrível para o desenvolvimento humano.

Para ter uma ideia, seus livros já somam mais de 70 milhões de cópias vendidas e impressas em 38 idiomas. Não deixe de se aprofundar no trabalho dele. Você vai aprender muito!

Nota: a maioria das frases foram retiradas do livro Como Falar em Público e Influenciar Pessoas no Mundo dos Negócios e alguns conceitos de Como Fazer Amigos e Influenciar Pessoas.

CAPÍTULOS EXTRAS — 19

5 Lições de Seth Godin para um marketing de conteúdo fantástico

> *O que você tem que fazer agora é descobrir quem se importa. Quem vai levantar a mão e dizer 'eu quero saber qual é a próxima coisa que você vai fazer'.*
>
> (Seth Godin)

Não há um dia em que eu não receba um e-mail de Seth Godin. Seu blog e *newsletter*, rigorosamente atualizados, apresentam textos fascinantes, repletos de experiência e inspiração para a vida e para os negócios.

Alguns dos conteúdos, que milhares, ou talvez, milhões de pessoas, assim como eu, recebem, se resumem a um ou dois parágrafos, mas funcionam como verdadeiros *insights* para maiores resultados.

Godin é um dos nomes mais notáveis do marketing contemporâneo. Famoso por livros como Marketing de Permissão (*Permission Marketing*) e Tribos (*Tribe*), dentre tantos outros, promove um estilo único de abordar o marketing na era digital.

Uma de suas ideias mais famosas é: "marketing de conteúdo é última estratégia de marketing que restou". Seth é um grande divulgador do *inbound marketing*, ou marketing de permissão, em português.

Falando de forma pessoal, sou um profundo admirador de seu trabalho. Não fico mais de uma semana sem acessar seu site ou de abrir seus e-mails. Pratico essa rotina há cerca de dois anos, desde que me tornei seu seguidor. Por aprender muito com a forma com que promove suas ideias na rede, gostaria de compartilhar com você, leitor, grandes lições retiradas de seu calendário editorial.

Como profissional de conteúdo, venho analisando alguns aspectos de sua estratégia e compilei isso neste capítulo. Garanto que ao término da leitura, você terá outra visão de como fazer marketing de conteúdo!

1. Comunique sem excessos

> "Marketing de permissão é permissão real, o privilégio – não o direito, mas o privilégio – de entregar histórias personalizadas, antecipadas e relevantes para pessoas que querem recebê-las."

A forma como Seth se comunica, objetivamente, sem excessos, é uma aula para todos que produzem conteúdo na web. O padrão de comunicação para e-mails costuma ser cheio de *copy* e com "links que não acabam mais". Você jamais verá isso no trabalho de Seth Godin.

Quando me deparei com um e-mail preciso e completo em poucas linhas, fiquei abismado. A maioria de seus posts não passa de dois parágrafos, mas cumprem os objetivos.

Não sobram lacunas. Você entende perfeitamente o que ele quer dizer e acaba sendo conduzido ao *link*, que apesar de ser discreto, é atrativo por conta da forma como a mensagem é abordada. E, olhe que muitas vezes o *link* nem está no fim da frase. "Não precisa de CTA".

É magistral a forma como ele apresenta o texto.

2. Aposte em recorrência

> "O marketing que funciona é aquele que as pessoas escolhem prestar atenção."

Não ser chato é um dos mandamentos do novo marketing. Parece que entendemos isso quando afirmamos "não envie mais que dois e-mails numa semana para o *lead* cadastrado".

Então, o que você me diz do fato de uma pessoa mais admirada no setor enviar um e-mail por dia para seus *leads* e manter a taxa de retenção consistente e a lista aquecida? Isso é o que o mito faz!

Percebo que os horários variam, mas sempre entre oito e onze na manhã, aparece um assunto novo na minha caixa de e-mails. Na maioria das vezes, abro de imediato, mas em outras, guardo para ler depois. Não me sinto enjoado, não fico de "saco cheio". Pelo contrário, fico até ansioso para ler o que acabou de chegar. Seth Godin sabe bem como manter seus *leads* aquecidos.

3. Dissemine ideias

> "As pessoas que conseguem espalhar suas ideias – independentemente de que ideias sejam – vencem."

Sou um entusiasta das vendas e costumo pregar sobre a importância de pensar mais em vendas em estratégias de conteúdo para web. No entanto, sei que é preciso haver uma mensagem por trás de toda marca.

E é aí que muitas empresas deixam a desejar. Seth Godin leva sua mensagem adiante, conta sua história, mesmo que isso permaneça imperceptível durante um tempo.

Cada linha de seus conteúdos me faz lembrar o que ele dissemina em seus livros e palestras. Por exemplo, costuma dizer que a única forma de espalhar uma ideia é fazendo que ela a conquiste o *buzz* (rumor), sendo uma proposta memorável.

Godin denomina quem espalha tais ideias de "contaminadores", e a ideia em si, de vírus-ideia. Passeando pela rede, vejo "contaminadores" frequentemente disseminando as ideias do próprio Seth. Eu sou um deles!

4. Autoridade não precisa ser forçada

> "Não grite para as massas; sussurre para poucos. As pessoas vão escolher falar sobre as coisas. Entregue suas ideias."

Percebo certa ansiedade por parte das empresas e dos empreendedores por provarem sua autoridade. Esse é um erro que eu mesmo já cometi. Isso se deve a diversos fatores, como a alta concorrência, a tão falada crise, a confusão entre autoridade e visibilidade etc.

Na web, as coisas são aceleradas, mas a autoridade precisa ser reconhecida com paciência. Existe um trabalho intenso a ser feito. A frase de Seth citada acima reflete bem o que toda marca precisa fazer: "sussurrar para poucos".

Fechando o pensamento, ele fala sobre entregar as ideias, o que tratamos no parágrafo anterior. Experimente compor seus conteúdos, explicitando mais a forma como você enxerga o mundo e o mercado, e também a relação marca/consumidor, e perceba como sua mensagem se tornará bem mais atraente.

5. Nem só de SEO vive o conteúdo

Seth Godin ficou popular como líder de uma das primeiras companhias de marketing digital, a *Yoyodyne*, que mais tarde foi vendida ao *Yahoo*! Não é preciso dizer que o cara entende muito de SEO, ou ao menos cuida de que ele seja bem praticado, certo?

Mas a verdade é que nem todo post no blog Seth é otimizado. Percebo uma preocupação muito maior quanto ao objetivo do conteúdo em relação à audiência, o que me faz acreditar ser um dos maiores diferenciais do conteúdo lançado por ele.

Como produtor de conteúdo, percebo que a inclusão de palavras-chaves em posts de blogs é algo que pode limitar os formatos de texto. Não que eu seja contra, pelo contrário, mas apenas pensar em SEO é correr o risco de "desumanizar" o conteúdo. Querer a todo custo ser encontrado pode fazer com que você esqueça ou se preocupe pouco com o que o usuário está buscando.

A relevância é o aspecto fundamental do conteúdo, e nisso Godin também dá aula. Enfim, essas são as lições que compilei para você. Não deixe de acompanhar Seth Godin de perto.

Considerações finais sobre a arte de escrever para a web

1

O marketing digital é um segmento econômico sustentado por ideias, e é o setor em que mais se cria conteúdo. Vivemos na era da informação na qual redatores e outros produtores ajudam a criar todo esse conceito. Não há outra definição: estrategistas e produtores de conteúdo são os artistas por trás de muitas marcas, empreendedores e blogs. São, sem dúvidas, agentes impulsionadores dessa era.

Quantos conteúdos produzidos por um redator não estão sendo encontrados no *Google* nesse exato momento? Quantas empresas não estão fazendo negócios através do conteúdo? Quantas pessoas não estão obtendo informações sobre produtos e serviços que podem mudar suas vidas? Você pode encarar seu trabalho como web writer como apenas redação, mas isso é pouco se você perceber que está caminhando por um terreno perfeito, onde pode ajudar empresas, pessoas, vendendo "sua arte" e obtendo resultados lucrativos com o seu talento.

2

O escritor e bioquímico russo-americano Isaac Asimov escrevia de seis da manhã até meio dia, todos os dias. Fez isso durante quarenta anos e publicou mais de 400 livros. Não é à toa que é considerado um dos mestres da Ficção Científica.

Há uns três anos, decidi exercitar à escrita diariamente. De lá para cá, raras foram às vezes que eu não escrevi pelo menos uma notinha. Entendo que, assim como um atleta precisa treinar diariamente para se tornar cada vez melhor no esporte, o comunicador deve treinar para ser mais bem entendido.

Também tenho o hábito de "aproveitar" e "reaproveitar" tudo o que escrevo. Três ou quatro parágrafos publicados no *Facebook* podem se juntar para virar um post de blog ou um e-mail, cinco ou seis posts de blog podem virar um e-book, e até o que eu não aproveito no futuro, serve, ao menos, para exercitar o raciocínio e a argumentação. Mas faço questão de explicar que não "copio e colo" o texto, mas reflito sobre as ideias que já foram trabalhadas, aproveitando o que convém.

Como a escrita para mim é hobby e profissão, acabo escrevendo sobre qualquer coisa, a qualquer momento. Tem texto que é lido, curtido, compartilhado e comentado; tem texto que gera visitas, *leads* e vendas. Outros passam direto, não "causam", não chamam, não tocam. Mas sempre, sempre está tudo bem.

Com a escrita tenho o poder de me conectar, engajar, testar, observar, compartilhar, ajudar, inspirar, causar, arranjar, arrancar, desabafar, vender, viajar.

Escrever é teste, é possibilidade, é oportunidade, é lucro; é poesia, é prosa, é crônica; é redação, é conteúdo, é informação; é engajamento, é relacionamento, é conversão. Pratique. Incansavelmente.

3

De acordo com um estudo realizado pelo Serviço de Proteção ao Crédito (SPC Brasil) e pelo portal de educação financeira, mais de 90% dos relacionamentos comerciais tem início em buscas online.

Neste contexto, para atraírem seus consumidores, as empresas precisam ser encontradas. E para serem encontradas, necessitam produzir conteúdo. Depois disso, para dar continuidade ao processo, precisam se relacionar com os clientes em potencial. E gerar relacionamento que demande mais conteúdo.

Conversão, fidelização, posicionamento, *brand awaraness*, enfim, tudo depende de algum tipo de conteúdo. Os formatos variam de acordo com a estratégia, o nicho, o público, o objetivo, mas basicamente podem ser criados artigos, PDFs, vídeos, *podcasts*, *slides* e infográficos.

Além dos produzidos diretamente com a escrita, como o artigo e o e-book, todos os outros, em algum momento, precisarão de texto. Mesmo que seja somente para a criação do título, descrição, chamada etc. Por isso que, se você faz algum tipo de negócio na internet, a não ser que esteja disposto a aprender a escrever bem, deve contratar um redator. Imediatamente.

4

Conteúdo constrói o que a publicidade não é capaz de construir. Tráfego pago vende, mas não é suficiente. Publicidade online vende, mas não gera ativos atemporais. Campanhas funcionam, mas têm prazo de validade.

A maior parte dos negócios online de sucesso produz conteúdo de valor, e com frequência. Muitas marcas do mercado digital americano, e algumas do brasileiro, investem alto em conteúdo. Os produtos que mais vendem hoje têm algum tipo de conteúdo em torno da oferta.

Nos anos 1990, Bill Gates apelidou a internet de "Superautoestrada da Informação". Excelente analogia que nos leva a perceber que quanto mais informativo, útil, abundante e atual for o conteúdo de uma marca, mais facilmente ela chegará à frente.

Existem diversas formas de vender, mas marketing de conteúdo é uma das melhores e mais consistentes. A empresa pode optar por não ter um site, mas se tiver um, precisa de conteúdo. Se não, é como comprar um carro, não botar gasolina e querer que ele ande mesmo assim.

Você, produtor de conteúdo, é o fabricante da gasolina.

5

Você pode encarar o trabalho com a escrita para a web com nervosismo, animação ou confiança. Pode até ser que você queira ficar rico ou deseje mudar o mundo com essa atividade. Encare o ofício como quiser, menos irresponsavelmente.

Deixe-me repetir: não encare a página em branco do Word ou do WordPress de maneira irresponsável, com postura de amador. Não é um passatempo.

Não estou dizendo que você comece seus posts com timidez ou sem inovar, ou com ausência de questionamentos. Não estou dizendo que você seja politicamente correto ou deixe de lado seu senso de humor (Deus queira que você tenha essa característica).

Escrever para a web não é um concurso de moda, muito menos uma competição olímpica da criatividade. É escrita, cacete! Não é polir um sapato ou passar maquiagem. Você tem que levar isso a sério. Se você não puder fazer isso, é hora de caçar outra profissão, ok?

Mãos à obra!

Parabéns, pois você chegou ao fim deste livro. Agora você já conhece quais são os princípios do que eu chamo de "A arte de Escrever para a Web". Como incentivador deste ofício, meu conselho é que você vá além e descubra novas formas de aperfeiçoar o seu trabalho como profissional de conteúdo.

Aprofunde-se, assuma uma posição, seja firme em criar e defender seus valores. Faça parte ativa da crescente comunidade de marketing de conteúdo. Converse, troque ideias, e, claro, venda seu trabalho. Existe uma boa quantidade de profissionais e empresas que precisam de alguém escrevendo para elas. Seja esse alguém!

Lista de leitura sobre a arte da escrita

Halvorson, Kristina. *Estratégia de Conteúdo Para a Web*, 2010.

Handley, Ann e Chapman, C.C. *Regras de Conteúdo*, 2013.

King, Stephen. *Sobre a Escrita*, 2000.

Rez, Rafael. *Marketing de Conteúdo: A Moeda do Século XXI*, 2016.

Pulizzi, Joe. *Marketing de Conteúdo Épico*, 2016.

Ogilvy, David. *Confissões de um Publicitário*, 1987.

Gonçalves, S. Lilian. *Neuromarketing Aplicado à Redação Publicitária*, 2013.

Cialdini, B. Robert. *As Armas da Persuasão*, 2009.

Schopenhauer, Artur. *A Arte de Escrever*, 2005.

Joseph, Mariah. *Trivium - As Artes Liberais da Lógica, Retórica e da Gramática*, 2015.

Lista de links:

Capítulo 2 - Estratégia de conteúdo: o que todo web writer precisa saber
Rafael Rez, Estratégia de Conteúdo: http://bit.ly/estrategia-de-conteudo

Capítulo 5 - SEO
Mentalidade Empreendedora, Uso de Palavras-Chave: http://bit.ly/consultor-me

Capítulo 6 - Copywriting
Paulo Maccedo, Texto com copywriting: http://bit.ly/redator-paulo

Capítulo 10 - Storytelling
Viver de Blog, artigo com Storytelling: http://viverdeblog.com/jovem-empreendedor

Capítulo 13 - Hard Content
Mentalidade Empreendedora, Como ganhar Dinheiro na Internet: http://bit.ly/como-ganhar1
Paulo Maccedo, Lead Lovers: http://bit.ly/lead-lovers-paulo

Capítulo 15 - Tipos de Artigos
Seth Godin, Post: http://sethgodin.typepad.com/

Mundo do Marketing, Artigo Comum: http://bit.ly/mundo-do-marketing-1

Raiam dos Santos, Artigo Longo: http://mundoraiam.com/procrastinacao-positiva/

João Paulo Pereira, Artigo de Conversão: http://joaopaulopereira.com.br/como-comecar-um-negocio-na-internet/

Paulo Maccedo, Conteúdo de Impacto: http://www.paulomaccedo.com/afiliado-profissional/

Aprenda Piano, Texto Jornalístico: https://aprendapiano.com/incrivel-solo-de-mozart/

BuzzFeed, Post com Lista: http://bit.ly/34coisas

Contentools, Case: http://bit.ly/superlogica-case
Marketing de Conteúdo, Entrevista: http://bit.ly/entrevista-emilia
WikiHow, How To: http://pt.wikihow.com/Escrever-uma-Carta
Nova Escola de Marketing, Artigo de Opinião: http://bit.ly/errado-marketing

Sugestões de Leitura

EU, VENDEDOR
Paulo Maccedo

COPYWRITING:
O Método Centenário de Escrita mais Cobiçado do Mercado Americano
Paulo Maccedo

MARKETING DE CONTEÚDO - A MOEDA DO SÉCULO XXI
Rafael Rez

CONTEÚDO S.A.
Joe Pulizzi

MARKETING DE CONTEÚDO ÉPICO
Joe Pulizzi

DVS EDITORA

www.dvseditora.com.br